reinhardt

Band 19

Herausgegeben von

Prof. em. Dr. Michael Jagenlauf, Helmut-Schmidt-Universität, Hamburg
Prof. Dr. Werner Michl, Technische Hochschule Nürnberg Georg Simon Ohm
Dipl. Soz.päd. Holger Seidel, M.S.M., Ostfalia Hochschule für angewandte Wissenschaften, Braunschweig / Wolfenbüttel

Jule Hildmann

simple things – einfach wirkungsvoll

Erlebnispädagogisch arbeiten mit Alltagsmaterial

Mit 9 Abbildungen und 5 Tabellen

Ernst Reinhardt Verlag München Basel

Dr. *Jule Hildmann*, Sonder- und Erlebnispädagogin, lehrt und forscht im Bereich Outdoor Education an der University of Edinburgh. Sie gehört zum Lehrtrainerteam am Centrum für Erlebnispädagogik Volkersberg in der Nähe von Würzburg.

Bibliografische Information der Deutschen Nationalbibliothek

Die Deutsche Nationalbibliothek verzeichnet diese Publikation in der Deutschen Nationalbibliografie; detaillierte bibliografische Daten sind im Internet über <http://dnb.d-nb.de> abrufbar.
ISBN 978-3-497-02718-7 (Print)
ISBN 978-3-497-60432-6 (PDF)

Printed in EU
Cover unter Verwendung eines Fotos von © iStock.com/villesep
Autorenportraitfoto von Rachel Hein
Satz: FELSBERG Satz & Layout, Göttingen

Ernst Reinhardt Verlag, Kemnatenstr. 46, D-80639 München
Net: www.reinhardt-verlag.de E-Mail: info@reinhardt-verlag.de

Inhalt

Übersicht der Übungen

Einleitung

„Erlebnispädagogik" – das klingt spannend, nach Nervenkitzel und Abenteuer in der Wildnis oder zumindest im aufregenden Hochseilgarten. Dabei umspannt Erlebnispädagogik weit mehr als die bekannten actionreichen Natursportarten wie Rafting, Klettern oder Mountainbiken. Im Handlungsrepertoire eines erfahrenen Erlebnispädagogen finden sich auch sogenannte „sanfte" Methoden wie Naturerfahrungsübungen, Kooperationsaufgaben und Moderationstechniken. Denn letztlich ist das Ziel erlebnispädagogischer Veranstaltungen nicht, wie es leider oft den Anschein hat, möglichst viel Spaß und Action zu erzeugen. Stattdessen werden ernsthafte pädagogische Ziele verfolgt, die meist in den Bereich der sozialen und personalen Kompetenzen fallen – wie z. B. Konfliktfähigkeit, gelingende Teamarbeit, Hilfsbereitschaft oder der Umgang mit eigenen Grenzen (Kap. 2).

Und obwohl Trendsportarten für kommerzielle Anbieter weitaus mehr Profit einbringen als vergleichsweise unscheinbare Methoden, sind letztere oftmals besser geeignet, auf sensible Weise kritische Themen in einer Gruppe aufzudecken und eine positive Lernerfahrung zu gestalten.

Außerdem hat nicht jeder Pädagoge an seinem Einsatzort einen Hochseilgarten oder einen Wildwasserfluss zur Verfügung; vom Ausbildungs- und Materialaufwand einmal ganz abgesehen, den viele Bildungsträger weder zeitlich noch finanziell leisten können.

Es gibt einen breiten Markt für tolle Übungen – auch neudeutsch als *Tools* bezeichnet –, die aufwendiges und vor allem kostspieliges Material erfordern. Besonders bei Firmen- und Managertrainings meinen Pädagogen häufig, solch professionell erstelltes Material einsetzen zu müssen, um fachlich kompetent zu erscheinen. Dabei hat das eine nur scheinbar mit dem anderen zu tun. Gerade mit einfachen Mitteln lässt sich oft große Wirkung erzielen.

Die Hauptbotschaft dieses Buches ist: Lern- und Entwicklungsprozesse gut zu begleiten, ist eine Herausforderung. Aufwendiges Material braucht man dafür allerdings nicht! Professor Werner Michl, einer der führenden Wissenschaftler und Praktiker der Erlebnispädagogik im deutschsprachigen Raum, bringt es folgendermaßen auf den Punkt:

> „Die Grundvoraussetzung für erfolgreiche Erlebnispädagogik ist nicht das perfekte Equipment, nicht das gestylte Methodenset, nicht die aufwendige Konstruktion materialreicher Übungen, sondern der Trainer mit seiner Persönlichkeit, Erfahrung und seinem pädagogischen Geschick" (persönliche Kommunikation mit Prof. Michl, 2016).

Ein großer Teil dieses Buches befasst sich damit, wie individuelle und gruppenbezogene Lernprozesse optimal begleitet werden können. Denn wie Trainer auf Phänomene oder Bedürfnisse in einer Gruppe eingehen und die Interaktion und Lernsituationen leiten, entscheidet darüber, wieviel die Teilnehmer aus einer erlebnispädagogischen Veranstaltung nachhaltig mitnehmen. Und das ist nicht primär davon abhängig, ob viel oder wenig Material verwendet wird.

Ein weiterer Vorteil materialarmer Übungen ist, dass die Trainer nicht zu jeder Maßnahme mit einem vollgepackten Kleinbus anreisen müssen und dadurch mobiler sind.

Außerdem können Übungen, die wenig Material und Vorbereitung erfordern, an verschiedene räumliche Gegebenheiten und Gruppenbedingungen (Alter, Personenanzahl, Sonderbedürfnisse etc.) angepasst werden; besonders, wenn man gelernt hat, mit einfachsten Mitteln Übungen selbst zu entwickeln, sodass diese möglichst optimal zu einer gegebenen Gruppe, deren Zielen und den Rahmenbedingungen passen (Kap. 16).

Zur besseren Lesbarkeit wurde auf die sprachliche Verwendung beider Geschlechter verzichtet. Selbstverständlich sind immer sowohl Frauen wie auch Männer gemeint.

Teil I

Erlebnispädagogische Grundlagen für *simple things*

1 Was genau sind *simple things*?

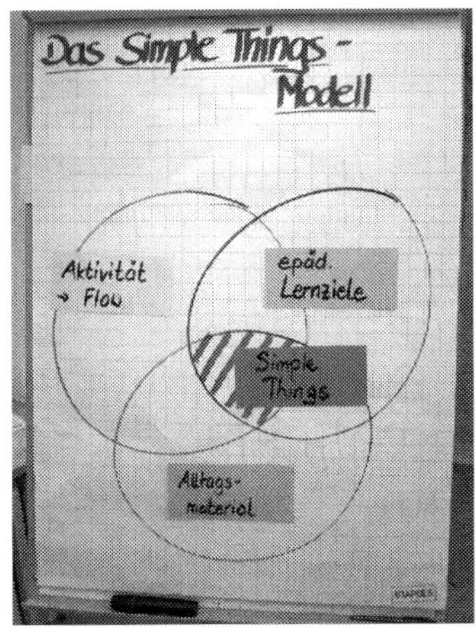

Abb. 1: Das *simple-things*-Modell

Ursprünglich bezeichnete in der Erlebnispädagogik *simple things* (engl. = einfache Dinge, Sachen oder Angelegenheiten) das Material, das für ausgewählte Übungen verwendet wurde (da es eben lediglich das Material vor Ort und damit einfach zu beschaffen war), und die damit durchgeführten Übungen – damals in erster Linie Kooperationsaufgaben (Hildmann 2008; CEP 2017b). Durch die wachsende Ausarbeitung des Konzepts, vor allem in Bezug auf Aspekte und Methoden der Prozessbegleitung, ist der Begriff inzwischen deutlich weiter gefasst und bezeichnet „all solche Aktivitäten und Handlungsangebote, die erlebnispädagogische Lernziele verfolgen und dazu lediglich Alltagsmaterial erfordern“ (Hildmann 2015, 83). Wie in Abbildung 1 zu sehen ist, ist noch ein dritter Aspekt von Bedeutung: Idealerweise sind Aufgaben derart konzipiert, dass sie einen hohen Aufforderungscharakter haben (z. B. durch spannend präsentierte Rahmengeschichten) und die Teilnehmer motiviert werden, sich der Herausforderung zu stellen. Der Begriff Flow beschreibt ein Glücksgefühl und ein völliges Aufgehen in einer Tätigkeit, wie es z. B. Kinder beim Spielen, Langstreckenläufer oder Künstler oft erleben (Csikzentmihalyi 1975; Csikzentmihalyi/Csikzentmihalyi 1990) (Kap. 4.2).

Im kindlichen Spiel ist dieses Flow-Gefühl etwas ganz Übliches und Natürliches. Im erlebnispädagogischen Kontext ist es jedoch nicht immer möglich, weil Zeitplanung oder andere organisatorische Faktoren zu viel Aufmerksamkeit auf sich ziehen oder weil eine Aufgabe nicht für jeden Teilnehmer in gleichem Maße ansprechend ist. Als Richtziel darf es allerdings gelten.

1.1 Sprache schafft Bewusstsein

Von vielen Erwachsenen und Jugendlichen wird „spielen" leider nicht als kindlich, sondern als kindisch verstanden, was – berechtigt oder nicht – Widerstände auslöst. Um dies zu vermeiden, kann es hilfreich sein, diese Bezeichnung zu umgehen, und den Teilnehmern stattdessen eine *Herausforderung, Aufgabe, Aktivität, Übung,* ein *Lernszenario* oder *-projekt* o. Ä. anzubieten.

Jeder dieser Begriffe löst vor dem Hintergrund individueller Erfahrung andere Assoziationen aus – selbst wenn die eigentliche Aufgabe identisch ist. Keiner der Begriffe ist dabei grundsätzlich besser als ein anderer. Es lohnt sich vielmehr, die eigenen und die allgemein verbreiteten Wertungen und Konnotationen der Begriffe bewusst zu nutzen, um bei den Teilnehmern situationsbezogen wünschenswerte Stimmungen und begriffliche Assoziationen zu aktivieren. Das soll an einem Beispiel verdeutlicht werden: Nach einer anstrengenden und spannungsgeladenen Einheit kann bewusst ein „lockeres Spiel" angekündigt werden, was positive Emotionen und einen Stressabbau verspricht. Eine Gruppe hingegen, die soeben eine Übung mit Bravour gemeistert hat, braucht vielleicht als nächstes eine echte „Herausforderung", die sie dazu anregt, das Zusammenspiel im Team noch weiter zu optimieren.

1.2 Alltagsmaterial

Was genau gilt als *Alltagsmaterial* im Kontext von *simple things*? Als *Alltag* gelte all das, womit wir uns mehr oder weniger täglich beschäftigen, womit wir vertraut sind und was wir ohne nennenswerten Aufwand zur Verfügung haben (Hildmann 2015). Logischerweise sind das im Seminarraum andere Hilfsmittel, wie z. B. Möbelstücke, etc. als in einer Turnhalle oder im Wald.

Alltagsmaterial bezeichnet also jeweils genau das, was wir je nach Situation vor Ort finden, bzw. was sich mit maximal einer Fahrt zum Supermarkt oder Baumarkt organisieren lässt. Dieses kontextabhängige Verständnis ist besonders dann wertvoll, wenn es darum geht, ortsabhängige Gegebenheiten gezielt für erlebnispädagogische Zwecke zu nutzen oder auf kreative Weise aus Bekanntem neue Übungen zu entwickeln.

Moderationsmaterial wie Stifte, Marker oder Moderationskarten sind als Ergänzung sehr empfehlenswert und es ist gut, sie stets dabei zu haben, um z. B. Arbeitsergebnisse zu visualisieren oder Auswertungsmethoden thematisch zu variieren.

1.3 Hintergründe zum Konzept

Das Konzept der *simple things* und eine erste informelle Sammlung von Übungen entstanden durch schulische und außerschulische pädagogische Erfahrungen. Vorausgegangen war außerdem ein Promotionsprojekt (Hildmann 2010), das untersuchte, wie und mit welchem Erfolg erlebnispädagogische Grundprinzipien im Schulunterricht angewendet werden können. Materialarme Übungen waren dabei ein wesentlicher Teil. Da es bis dahin nur wenige zu geben schien, wurden als Teil des Projekts neue Aktivitäten entwickelt und eine strukturierte Anleitung zum Anpassen und Neuentwickeln erlebnisorientierter Übungen formuliert.

Ab ca. 2010 wurden für Fortbildungen und in Zusammenarbeit mit Kollegen am Centrum für Erlebnispädagogik Volkersberg weitere Möglichkeiten der Prozessbegleitung ausgearbeitet (CEP 2017a; b). Verschiedene Aspekte des *simple-things*-Konzepts wurden mittlerweile auch auf Fachtagungen präsentiert (z.B. Internationale Konferenz Psychologie im Netzwerk 2007; 2008; European Conference on Games-Based Learning 2009; erleben & lernen 2010; 2012) und/oder sind in Druckform erhältlich (Hildmann 2017; 2015; 2008; Fengler et al. 2015; Hildmann/Moseley 2012a; Hildmann/Seuffert 2010). Die Entwicklung bleibt spannend und es ist erfreulich zu sehen, dass sich die Fachwelt *simple things* zunehmend zur Förderung allgemeiner und spezieller erlebnispädagogischer Lernziele zu Nutze macht.

2 Lernziele

Bei der Diskussion über viel oder wenig Material darf nicht vergessen werden, dass an vorderster Stelle die Frage nach den Lernzielen einer Gruppe oder Einzelperson steht. Das durch die Angebote erzeugte Erlebnis ist lediglich der primäre Lernträger oder das vermittelnde Element. Die Lernziele bestimmen also die Programmzusammenstellung und die Auswahl von Aktivitäten.

2.1 Allgemeine Lernziele in der Erlebnispädagogik

Der Dachverband *Bundesverband Individual- und Erlebnispädagogik* (BE) erklärt in seiner Definition von Erlebnispädagogik:

> „Wir arbeiten mit einem pädagogischen Konzept zielorientiert und bevorzugt in der Natur oder dem naturnahen Raum vorrangig an der Förderung von Selbst- und Sozialkompetenzen" (BE 2017, o. S.).

Soziale Kompetenzen: Diese sind z. B. Teamarbeit, Rücksichtnahme, Kommunikationsfähigkeit, Empathie/Mitgefühl, Hilfsbereitschaft, Konfliktbewältigung, Zuverlässigkeit, Hilfe annehmen können, Freundlichkeit, Verantwortung für sich und andere übernehmen, Regeln einhalten, zurückstecken, usw.

Selbstkompetenzen und personale Kompetenzen: Hierzu gehören Eigeninitiative, Selbstvertrauen, Selbstwertgefühl, Selbstbewusstsein, Selbstwahrnehmung, Selbstverantwortung, ein realistisches Selbstbild, Frustrationstoleranz, Konfliktbewältigung, Reflexionsfähigkeit, Überprüfung von Werten, Förderung der eigenen Identität, intrinsische Motivation, Spontaneität, Kreativität etc.

Außerdem werden in der Literatur immer wieder folgende weitere Lernziele genannt bzw. diskutiert(BE 2017; Fischer/Ziegenspeck 2000; König/König 2002, 178 ff.; Michl 2015; Paffrath 2013, 74 ff.; Reiners 1995; 2003).

Ökologisches Bewusstsein und nachhaltiges Handeln: Diese beiden Lernziele sind stets ein grundsätzlicher Aspekt unseres Berufsethos, selbst wenn dies in einer Maßnahme nicht ausdrücklich ausgewiesen wird. Erlebnispädagogen arbeiten in und mit der Natur, schätzen die Natur als wichtigen Lernort und fördern Nachhaltigkeit durch die Vermittlung von Fachkenntnissen (z. B. Pflanzen- oder Wetterkunde), praktischen Fertigkeiten (z. B. kochen in der Natur) und verantwortungsvollen Verhaltensweisen (z. B. Umgang mit Müll, keine Spuren hinterlassen).

Fachspezifische Kenntnisse und Handlungskompetenzen: Wer Kanu fahren will, sollte lernen, wie man das Paddel hält – das ist klar. Solches Wissen und solche Fertigkeiten sind oftmals Mittel um genannte soziale und personale Kompetenzen zu fördern. In manchen Fällen werden erlebnispädagogische Methoden und Lernziele allerdings gezielt mit Fachinhalten verknüpft (z. B. mit Lernstoff im Schulunterricht), um Synergieeffekte zu schaffen.

Oft verfolgen Veranstaltungen eine Kombination aus diesen Zielen. Die meisten erlebnispädagogischen Methoden fördern ohnehin verschiedene soziale und personale Kompetenzen gleichzeitig (Ewert/Sibthorp 2014) oder können mit kleinen Anpassungen, z. B. in der Anmoderation, auf spezielle Lernziele zugeschnitten werden. Da dies weitgehend unabhängig vom verwendeten Arbeitsmaterial gilt, kann also die gesamte Bandbreite erlebnispädagogischer Lernziele mit *simple things* gefördert werden.

2.2 Spezielle Lernziele bei *simple things*

In Ergänzung zu den genannten Lernzielen bietet das *simple-things-Konzept* für einige zusätzliche Themen besondere Lernchancen.

Alltägliches neu wahrnehmen und wertschätzen: Die Verwendung und symbolische (Um-)Deutung von Alltagsmaterialien führt zu einer bewussten Wahrnehmung derselben und bietet dadurch die Chance, das Selbstverständliche in Frage zu stellen. Dies ermöglicht einen Perspektivwechsel in Bezug auf scheinbar vertraute Gepflogenheiten und Werte.

Konzentration auf das Wesentliche: Aufwendiges Material mag zweifellos Aufforderungscharakter haben und motivierend wirken. Je weniger Material allerdings für die Bewältigung einer Aufgabe zur Verfügung steht, umso mehr rücken der Teilnehmer selbst und sein unmittelbares soziales Umfeld (d. h. die anderen Teilnehmer) als Ressource – und als Herausforderung! – in den Vordergrund. Für die Förderung sozialer und personaler Kompetenzen enthält dies viel Potenzial.

Ressourcen kreativ und sparsam nutzen: Die Reduktion der Ressourcen in (a) Menge, und (b) Art und Aufwand (z. B. leere Verpackungen statt polierter Holzblöcke) führt dazu, dass die Lernenden mit dem zur Verfügung Stehenden sparsam und besonders kreativ umgehen müssen. In einer Zeit drängender Ressourcenknappheit werden hier wesentliche Kompetenzen gefordert und gefördert.

2.3 Erlebnispädagogik wirkt. Aber wie?

Zahllose wissenschaftliche Untersuchungen bestätigen, dass Erlebnispädagogik erfolgreich die volle Spannbreite der genannten Lernziele fördert (Cason/Gillis 1994; Ewert/Garvey 2007; Fiennes et al. 2015; Hattie et al. 1997; Heekerens 2006; Hildmann 2010). Zwar gibt es auch kritische Stimmen (Brookes 2003; Beames/Scrutton 2015; Heekerens 2006; Sibthorp 2000), diese betonen jedoch in erster Linie, dass ein Lernzuwachs auch in der Erlebnispädagogik nicht automatisch erfolgt, sondern dass die Trainer permanent darauf hinwirken müssen, die Prozesse des Lernens anzustoßen bzw. zielorientiert zu leiten.

3 Wie werden einzelne Personen zu einem Team?

Erlebnispädagogische Angebote finden fast immer in Gruppenkonstellationen statt, selbst sogenannte einzelpädagogische Maßnahmen, wie sie z.B. in der Jugendhilfe eingesetzt werden.

Ähnlich wie bei einer Gruppenberatung oder -therapie bildet der soziale Lernkontext einen wertvollen Übungsrahmen und Nährboden für die Ausbildung individueller Selbstkompetenzen, wie Selbstvertrauen, Frustrationstoleranz usw. (Kap. 2.1). Die Entwicklung der Einzelpersonen steht also in engem Zusammenhang mit den sozialen Prozessen der Gruppe.

3.1 Entwicklungsphasen von Gruppen zum Team

Viele Autoren und Praktiker sind sich einig, dass es eine strukturierte und zum Teil vorhersagbare Weise gibt, in der sich Gruppen entwickeln (Priest/Gass 2005, 66ff.; Reiners 2003; Nadler/Luckner 1992). Das Zusammenspiel von individuellen Bedürfnissen und Anforderungen an die Gruppe führt dabei zu gewissen Verhaltensweisen und Themen, die in einer jeweiligen Phase im Vordergrund stehen. Dies theoretisch zu wissen und praktisch zu erkennen, kann den Trainern helfen, Bedürfnissen zügig und gut gerecht zu werden, was die Entwicklung der Gruppe hin zu einem Höchstmaß an Teamleistung und Zusammengehörigkeitsgefühl lenkt (Nadler/Luckner 1992).

Es gibt eine Vielzahl an Modellen zu Gruppenphasen (Maples 1988, 17; Priest/Gass 2005, 66ff.; Tuckman 1965). Das bekannteste stammt von Bruce Tuckman (1965; bzw. erweitert um die fünfte Phase von Tuckman/Jensen 2010). Es beschreibt in stilisierter Weise die Prozesse, die Gruppen von ihrer Neubildung bis hin zu ihrer Auflösung durchlaufen. Die englischen Bezeichnungen der Phasen (Forming, Storming, Norming, Performing, und Adjourning – Erklärungen s.u.) werden in der deutschen Literatur unterschiedlich übersetzt (z.B. Reiners 2003, 51; Hufenus 2003, 136ff.). Im Folgenden werden diese Phasen kurz vorgestellt. Der Schwerpunkt liegt dabei zum einen auf den Bedürfnissen der Teilnehmer, die für die jeweilige Phase typisch sind, und zum anderen darauf, wie die Trainer diesen Bedürfnissen begegnen und somit die Entwicklung zum Team begünstigen können.

Phase 1: Orientierung des Selbst (Forming)

Wo bin ich (in dieser Veranstaltung)?: Die Teilnehmer treffen zum ersten Mal aufeinander, was zu Unsicherheiten und einem förmlichen Annähern führt. Das Hauptbedürfnis ist das nach Orientierung und damit nach Sicherheit und Schutz der Individualität.

Die Trainer sind hier gefragt, mit einer deutlichen Präsenz und Leitung Orientierung anzubieten. Die Vermittlung klarer Strukturen (Vorstellung des Programms, Vereinbarung von Zielen und Regeln, Freiwilligkeit und Eigenverantwortung, Orientierung in Bezug auf Räumlichkeiten, Essenszeiten usw.) vermittelt den Teilnehmern ein Gefühl von Kontrolle und Vorhersagbarkeit ihrer Situation. Aktivitäten, in denen sich die Teilnehmer noch mit einem Maß an formellem Abstand kennenlernen können (Arbeit in Kleingruppen zu Organisatorischem, Kaffeepausen, Ortsbegehung etc.) fördern diese grobe Orientierung in Bezug auf die Veranstaltung und die anderen Teilnehmer.

Der Übergang in die nächste Phase besteht darin, dass die Teilnehmer ein stabiles Gefühl von Orientierung und Sicherheit haben – sich also als Herr und Herrin ihrer Lage fühlen. Auf dieser Basis sind sie bereit, die Strukturen und andere Personen herauszufordern.

Phase 2: Orientierung in der Gruppe (Storming)

Wer bin ICH (in dieser Gruppe)?: Nachdem der inhaltliche und organisatorische Rahmen geklärt ist, suchen die Teilnehmer nach ihrem persönlichen Platz im sozialen System der Gruppe. Dazu müssen sie austesten, welche Rollen von den anderen akzeptiert und unterstützt werden. Gegebenenfalls sind hierfür Hierarchiekämpfe nötig, bei denen mitunter auch der Trainer in seiner Leitungsrolle herausgefordert wird.

In unserem Kulturkreis sind viele Menschen so sehr um Höflichkeit bemüht, dass Konflikte statt offen ausgetragen eher vermieden und unterdrückt werden. Daraus resultieren Hindernisse im Prozess der Teamentwicklung. Denn solange die Beziehungsebene nicht geklärt ist, geht sie zu Lasten von der Sachebene der Kommunikation (Watzlawick et al. 2017), was eine Zusammenarbeit der Teilnehmer und die Bewältigung von Aufgaben erschwert.

Die Gruppe wechselt von dieser in die nächste Phase, indem sie ausreichend Situationen erfährt, die Konflikte und Aussprachen nicht nur zulassen, sondern mitunter sogar begünstigen bis provozieren, sodass die Teilnehmer alle nötigen Reibungen austragen und ihr Sozialgefüge sortieren können.

Von den Trainern erfordert dies ein erhebliches Maß an Standfestigkeit, um den Unmut Einzelner oder gar der gesamten Gruppe auszuhalten. Außerdem sind geeignete Moderationstechniken und ein feines soziales Gespür gefragt, um allen Stimmen Gehör zu verleihen und konstruktive Perspektiven und Auswege aus Krisen anzubieten.

Phase 3: Eine Gruppe wird zum Team (Norming)

Wer sind WIR (als Gruppe)?: Wenn die Teilnehmer einen geeigneten Platz für sich im Gruppengefüge finden konnten, kommen die Konflikte zwischen Einzelpersonen und Fraktionen langsam zur Ruhe. Nun kann die Gruppe ihre Interaktionen und Aufmerksamkeit darauf ausrichten, eine Gruppenidentität zu entwickeln. D.h. der Fokus wechselt vom ICH der vorausgegangenen Phase („Wie und wo passe ICH hier rein?“) zu einem WIR („Wer sind WIR?“ – in Abgrenzung zu anderen Gruppen. Was sind unsere Werte, Regeln, Insider-Scherze usw.?). Bei Konflikten stellen Beteiligte nun eher das Gemeinwohl der Gruppe vor ihre eigenen Interessen.

Die Programmangebote der Trainer sollten darauf abzielen, dass die Teilnehmer verschiedene Arbeits- und Umgangsformen miteinander ausprobieren und sie zu ermutigen, ihre Wünsche und Bedürfnisse einzubringen. Je mehr sich die Gruppe selbst definiert und formt, umso weniger braucht sie die Führung der Trainer. Um diese Selbstbestimmung gezielt voran zu treiben, kann man der Gruppe zunehmend Verantwortung übertragen (z.B. Entscheidungen über Programmzeiten und -inhalte, Reiserouten oder Versorgungsplanung).

In Auswertungsphasen können die genannten Aspekte thematisiert und daraus Vorgehensweisen für die Zukunft abgeleitet werden. So reduzieren sich die Hindernisse der Gruppenzusammenarbeit (z.B. Missverständnisse zu Aufgaben oder Erwartungen, Rollenverteilung im Team, Ineinandergreifen von Arbeitsabläufen). Die Gruppe – als bloße Ansammlung von Personen – wird damit zu einem funktionierenden Arbeits-Team (vgl. König/König 2002), das in die vierte Phase hinein wächst.

Phase 4: Teamarbeit mit Höchstleistung (Performing)

Was ist unsere Aufgabe (als Team)?: Nun hat jeder einen Platz in der Gruppe gefunden, der seinen Begabungen und Bedürfnissen entspricht. Man weiß, was den anderen wichtig ist, und kennt den Umgangston. Die Beziehungen sind geklärt und alle Energie kann nun für die Bewältigung der gemeinsamen Aufgaben verwendet werden. Einzelpersonen und Untergruppen arbeiten Hand in Hand, wodurch Aufgaben schnell und zielstrebig erledigt werden.

Die Trainer können nun an Feinheiten im Zusammenspiel arbeiten und die Aufmerksamkeit auf erreichte Lernerfolge richten, damit diese gefestigt und in den Alltag übertragen werden können (Kap. 20). Hier finden Höchstleistungen statt und das Team-Gefühl ist auf dem Optimum.

Die nachfolgende Phase ist nur erforderlich, wenn sich die Personenkonstellation ändert oder die Gruppe zeitlich begrenzt ist, wie es bei einem Projekt oder einer Ferienfreizeit der Fall ist.

Phase 5: Ablösung und Neuorientierung (Adjourning)

Wie geht es mit mir und mit uns weiter?: Hier rücken die Beziehungen wieder stark in den Vordergrund. Mit der Gruppenkonstellation löst sich auch das intensive Gemeinschaftsgefühl auf, das von den geteilten Erfahrungen genährt wurde. Jeder einzelne steht nun vor der Herausforderung, sich aus dieser Gruppenidentität wieder als einzelnes ICH herauszulösen, was Gefühle wie Verlust, Trauer, Angst und Orientierungslosigkeit hervorrufen kann.

Die Trainer sind hier wieder stärker in ihrer Führungsrolle gefragt. Sie können die Teilnehmer in ihrer Ablösung und Neuorientierung unterstützen, indem sie ausreichend Zeit und Aktivitäten anbieten, um

- gemeinsame Erfolge und Erlebnisse zu feiern;
- persönliche Abschiede stattfinden zu lassen;
- die Ablösung als Schritt des Wachstums zu deuten (Reiners 2003, 51) und neue Perspektiven zu entwickeln;
- die Haupterkenntnisse und -entwicklungen herauszuarbeiten;
- Strategien zu entwickeln, wie die erreichten Veränderungen den Alltag der Einzelpersonen bereichern und dort – auch ohne die anderen Gruppenmitglieder – umgesetzt werden können (Kap. 20).

Die Ablösung kann sich auch auf den Abschied vom Veranstaltungsort und dem erlebnispädagogischen Kontext beziehen, z. B. wenn die Personenkonstellation sich im Alltag unter völlig anderen Rahmenbedingungen wieder trifft (z. B. bei Arbeitsteams oder Schulklassen).

Theorie und Wirklichkeit

Wie bei allen Gedankenmodellen handelt es sich bei den vorgestellten Phasen um eine vereinfachte Darstellung der Wirklichkeit, die das Ziel hat, diese grundsätzlich abzubilden und verständlich zu machen. Der tatsächlichen Komplexität der Realität werden Modelle nicht gerecht. Gruppenmitglieder wechseln beispielsweise niemals alle gleichzeitig von einer in die nächste Phase. Vielmehr führen persönliche Hintergründe und Bedürfnisse, Grüppchenbildung, Veränderungen der Personenkonstellation oder personenbezogene Merkmale wie Kultur, Geschlecht, Alter oder kognitive und emotionale Intelligenz dazu, dass Einzelpersonen und Teilgruppen unterschiedlich schnell voranschreiten (Tuckman 1965; Tuckman/Jensen 1977; Priest/Gass 2005, 69). Manche suchen oder erkämpfen noch ihren Platz in der Gruppe, während sich andere schon voll auf die Sache konzentrieren können. Insbesondere wenn Gruppenmitglieder hinzukommen oder ausscheiden, sind erneute Schleifen durch frühere Phasen zu erwarten.

Auch braucht diese gesamte Entwicklung Zeit und es ist keinesfalls garantiert, dass alle Gruppen zu Höchstleistungsteams werden und die begehrte vierte Phase überhaupt erreichen. Häufig sind unerkannte und unbewältigte (oft zwischenmenschliche) Herausforderungen in den früheren Phasen ein Grund dafür, dass erlebnispädagogische Teamentwicklungsmaßnahmen eingeleitet werden.

3.2 Struktur einer erlebnispädagogischen Maßnahme

Wenn man um die beschriebenen Entwicklungsstufen weiß und sie praktisch erkennen kann, hat man wertvolle Richtlinien für die Planung und Durchführung erlebnispädagogischer Veranstaltungen an der Hand. Anhand des vorgestellten Phasenmodells von Tuckman (und Jensen) lassen sich Standardprogramme erstellen, die als Pauschalangebote auch relativ preiswert vermarktet werden können. Um den individuellen Bedürfnissen und tatsächlichen Prozessen einer Gruppe jedoch wirklich gerecht zu werden, sollten sie nur als Basis dienen, die möglichst viel Flexibilität in der Wahl der Methoden lässt.

Ein solches Standardprogramm ist das *Wellenmodell* (CEP 2017a; Hildmann 2017, 15 ff.). Es empfiehlt für eine erlebnispädagogische Veranstaltung sieben Phasen und würdigt dabei auch die Bedeutung einer professionellen Vor- und Nachbereitung. Die Hauptinhalte dieser sieben Phasen sind folgende:

Vorbereitung (ohne Teilnehmer): Offizielle Auftrags- und Zielklärung, Konzeption, Organisation, Risiko- und Nutzenanalyse etc.

Einstieg: Begrüßung und erstes Kennenlernen der Teilnehmer, Zielverein-

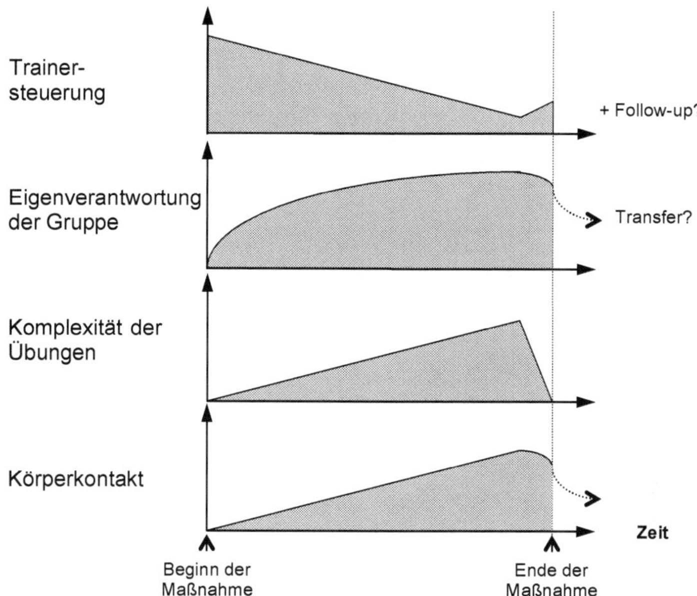

Abb. 2: Richtlinien für verschiedene Parameter bei der Ausgestaltung einer Maßnahme.

barung, Klärung von Organisatorischem und Rahmenbedingungen (Für praktische Anregungen zu diesen Themen siehe Kap. 7).

1. Aktionsphase: Zielgruppenspezifisch ausgewählte Aktivitäten, Auswertungs- und Transfereinheiten, die es den Teilnehmern ermöglichen, Rollen- und Interessenskonflikte auszutragen und eine Gruppenstruktur und -identität zu entwickeln.

2. Aktionsphase: Testen und Erweitern der Grenzen, Verfeinerung von Strategien, Abläufen und des sozialen Zusammenhalts. (Die erste und zweite Aktionsphase gehen mitunter fließend ineinander über.)

Bündeln: Gesamtauswertung der Veranstaltung, Hervorhebung der wichtigsten Erfahrungen, Erkenntnissen und Kompetenzerweiterungen (Kap. 12).

Ausblick: Maßnahmen zur Unterstützung des Lerntransfers (Kap. 20), Entwicklung konstruktiver Zukunftsperspektiven für Einzelne und die Gruppe, ggf. Angebote zur Gestaltung des Abschieds – vom Ort, der Veranstaltung, der Gruppe, dem ICH in diesem Kontext etc. (Kap. 12).

Nachbereitung (ohne Teilnehmer): Reflexion und Evaluation im Trainerteam zur Qualitätssicherung, Rücksprache mit dem Auftraggeber, ggf. *follow-up*-Impulse für eine Transfersicherung in Eigenregie der Teilnehmer, Dokumentation und Auswertung besonderer Vorkommnisse wie z.B. Unfälle mit dem Ziel der Prävention.

Trotz des ähnlichen Namens ist das CEP-Wellenmodell nicht zu verwechseln mit der *Aventure Wave* (Schoel et al. 1988) der Organisation *Project Adventure* in den USA. Es hat seinen Namen von der wellenartig steigenden Energie (i.S.v. Zusammenspiel der Gruppenmitglieder), die sich bis zur zweiten Aktionsphase aufbaut, wo sie ihren Höhepunkt findet. Hier können die Teilnehmer sozusagen im Flow darauf reiten, bevor die Welle in der Bündelungsphase alles umwälzt und dann mit dem Ausblick und der Nacharbeit ausläuft.

Das CEP-Wellenmodell beruht auf der Theorie der Gruppenphasen und bietet praktische Hinweise für die Auswahl von Aktivitäten, z.B. in Hinblick auf die Komplexität der Anforderungen oder die durchschnittliche Bereitschaft zu bzw. Suche nach körperlicher Nähe (Abb. 2).

Die Bereitschaft der Einzelnen zur Gruppe zusammenzuwachsen, hängt stark davon ab, wie gut Risiko, Sicherheit und anregende Herausforderungen untereinander ausbalanciert sind.

4 Risiko, Sicherheit und Wachstum

Erlebnispädagogik nutzt bevorzugt die Natur und naturnahe Räume (BE 2017), wodurch gewisse Unwägbarkeiten und Gefahrenquellen (z. B. Wetter, unübersichtliches Gelände) für Unfälle oder Materialschäden nicht ausgeschlossen werden können.

In der Fachliteratur und unter Experten wird seit Langem darüber diskutiert, wie erlebnispädagogische Anbieter die realen Gefahren so weit minimieren können, dass die körperliche, psychische und soziale Unversehrtheit der Teilnehmer gewährleistet wird, ohne authentische und entwicklungsfördernde Herausforderungen zu reduzieren (AKW 2016; Michl 2015, 40 ff.; König/König 2002, 87 f.).

4.1 Sichern wir uns zu Tode?

Das Streben der Anbieter erlebnispädagogischer Veranstaltungen nach versicherungsrechtlicher Absicherung engt den Gestaltungsrahmen für authentische Lernchancen und Wachstum zunehmend ein. Dass gravierende und unnötige Gefahren zu verhindern sind, ist keine Frage. Aspekte eines guten Sicherheitsmanagements (Heckmair/Michl 2012, 285–289; König/König 2002, 87 f.; Reiners 1995, 87 ff.; Priest/Gass 2005), der Unterschied zwischen Risiken und Gefahren (Gregg 2007; Priest/Gass 2005) und das Abwägen von Risiken und pädagogischem Nutzen (Gill 2010; Hodgson/Bailie 2011) werden an anderen Stellen hervorragend behandelt und können dort nachgelesen werden. Hier soll es um diejenigen Aspekte gehen, die unmittelbar mit der Begleitung von Lernprozessen zusammenhängen.

4.2 Zentrale Faktoren für die Begleitung von Lernprozessen

Zusammengefasst deutet die verfügbare Literatur darauf hin, dass das Ziel erlebnispädagogischer Angebote nicht nur ist, (a) das richtige Maß (d. h. viel oder wenig) an Herausforderung zu schaffen, sondern ebenso (b) die richtige Art (also positive Emotionen erzeugend) und (c) einen begünstigenden Kontext dafür. Hinzu kommt, dass (d) all diese Faktoren von den Teilnehmern subjektiv wahrgenommen und bewertet werden (Abb. 3).

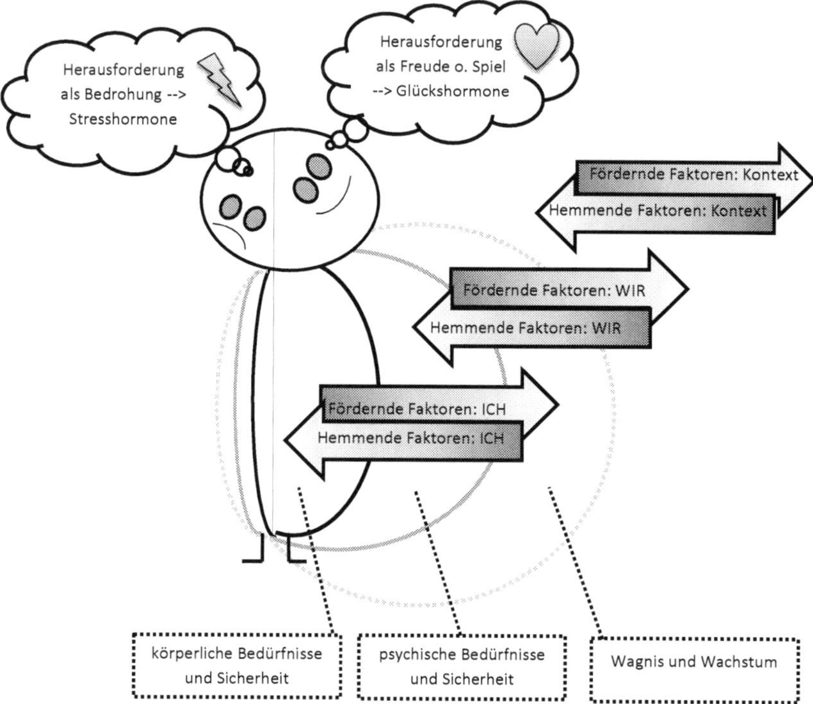

Abb. 3: Für Wagnis und Wachstum sind eine subjektiv erlebte Sicherheit und Geborgenheit Grundvoraussetzung. Weitere Faktoren von Individuum, Gruppe und Kontext wirken hemmend bzw. fördernd.

Das immer noch weit verbreitete *Lernzonenmodell* (Nadler/Luckner 1992; vgl. Michl 2015, 40 f.; Paffrath 2013, 60 ff.; Sonntag 2005, 20 ff.) bildet diese Faktoren mit seiner Einteilung in Komfort-, Lern- und Panikzone nicht ausreichend ab und sollte daher ersetzt werden.

Das richtige Maß an Herausforderung

Bei unterschiedlich hohem Auftreten äußerer und innerer Stressfaktoren finden im Körper andere physiologische Prozesse statt, die unter anderem Einfluss auf unsere Aufmerksamkeit und die Speicherung neuer Informationen haben (Yerkes/Dodson 1980; Drebing et al 1987). Vereinfacht gesagt, ist sowohl bei zu wenig Stress (Langeweile) als auch bei zu viel Stress (Überforderung) lernen schlecht möglich. Was dabei allerdings als „zu wenig" und „zu viel" gilt, hängt von dem Kompetenzniveau jedes einzelnen ab sowie von unserer subjektiven Wahrnehmung (Martin/Priest 1986; Priest 1990, 157–162; Bunyan 2011, 11f.).

Um Aktivitäten so anzubieten, dass sie für Einzelpersonen und/oder eine Gruppe das richtige Maß an Herausforderung bieten, ist es nützlich, ein Repertoire an methodischen Kniffen zu haben, mit denen der Schwierigkeitsgrad einer Übung angepasst werden kann (Kap. 17).

Die richtige Art von Herausforderung

Jede Handlungsaufforderung (sei es eine Mathematikaufgabe, das Ansprechen einer fremden Person oder das Abseilen von einem Felsvorsprung) kann sowohl als negativer als auch als positiver Stress, also als freudige Bereicherung, empfunden werden (König/König 2002, 87). Dementsprechend werden entweder Stresshormone (Corticoide) oder Glückshormone (Endorphine) in unserem Gehirn ausgeschüttet. Die neurowissenschaftliche Lernforschung zeigt hierbei, dass wir mit negativen Emotionen nur aversiv lernen, also nur das, was wir *nicht* wollen. Ein Zuwachs an Kompetenzen ist primär mit Hilfe positiver Emotionen zu erreichen (Spitzer 2006, 161; Sosic-Vasic et al. 2013; Erk et al. 2003; Roth 2001, 274f.; Schleich 2003).

Aus Sicht der Erlebnispädagogik stellt sich also die Frage, wann Herausforderungen, Risiken und das Verlassen des Gewohnten als positive Erfahrung und Lernchance und wann als Angst einflößende Bedrohung gesehen werden. Diese Interpretation läuft jedoch unbewusst ab und hängt von individuellen Faktoren ab (s.u.), die den Trainern nicht ausreichend zugänglich sind. Pauschalentscheidungen für alle Teilnehmer sind daher riskant.

Der richtige Kontext für Herausforderung

Lange Zeit war die Ansicht verbreitet, dass man zu Änderungen des Verhaltens oder der Einstellungen bereit ist, wenn eine Diskrepanz zwischen dem bisherigen Weltverständnis und aktuellen Erfahrungen besteht(Brown 2008, 7ff.), z.B. wenn das Bild eines Mitschülers nicht (mehr) zu seinem Verhalten passt. Diese Diskrepanz erzeugt ein Unbehagen, das man durch Veränderung des eigenen Verhaltens und Denkens aufzulösen versucht.

Davis-Berman und Berman (2002) argumentieren hingegen, dass wir nur dann die Bereitschaft und den Mut aufbringen, uns auf Neues einzulassen, wenn wir uns in einer Situation sicher und in unserem sozialen Umfeld geborgen fühlen. Die hohe Bedeutung des positiv erlebten (sozialen) Kontextes für Lernprozesse wird von der neurowissenschaftlichen Lernforschung bestätigt (Hildmann/Nicol 2014). Die Befriedigung körperlicher und psychischer Bedürfnisse im Sinne Maslows (1962), vor allem in Bezug auf das Gefühl von Sicherheit, ist eine notwendige Basis, aus der die Bereitschaft zu und Freude an Wagnissen entsteht.

Die subjektive Bewertung von Herausforderungen

Die persönliche Bewertung von Situationen und Anforderungen ist der Dreh- und Angelpunkt bei der Frage, wann Herausforderungen als konstruktive Lernchance genutzt werden können. Mit objektiven Kriterien der Sicherheit – wie etwa die Bruchlast des Materials beim Abseilen – hat dies nur bedingt zu tun (Mortlock 1984; Leberman/Martin 2002/2003). Vielmehr kommt das Zusammenspiel mehrerer personenbezogener Faktoren zum Tragen:

- unsere positiven oder negativen Erfahrungen mit Parametern der aktuell anstehenden Aufgabe (z. B. Höhe, Körperkontakt zu anderen, Thema der Rahmengeschichte)
- die Persönlichkeitsstruktur der Teilnehmer (ängstlich, extrovertiert, offen für Neues etc.)
- die momentane körperliche Verfassung und Belastbarkeit (Tagesform, Müdigkeit, Hunger usw.)
- zur Verfügung stehende Ressourcen (z. B. Begabungen, Wissen, Hilfsmittel)
- ein Gefühl von Sicherheit und Geborgenheit in der Gruppe (Die Angst sich zu blamieren, das Bewusstsein von Rückendeckung und Unterstützung durch die Gruppe usw.)
- das Gefühl von Freiwilligkeit und Selbstbestimmung
- situative Kontextfaktoren wie Witterungsbedingungen, Zeitdruck oder räumliche Orientierung

Die Trainer haben auf all diese Faktoren nur begrenzt Einfluss.

4.3 Einflussmöglichkeiten der Trainer

Manche dieser Faktoren sind zeitlich weitgehend konstant (z. B. individuelle Charaktereigenschaften), während andere sich schnell verändern können (Hunger, Müdigkeit, Witterungsbedingungen). Einige liegen völlig innerhalb einer Person (Erfahrungshintergrund), andere in der Gruppe (soziale Unterstützung) oder im situativen Rahmen (Witterung, Störgeräusche, Zeitdruck etc.). Die Trainer brauchen also unterschiedliche Strategien, um möglichst optimale Bedingungen für Wagnis und Wachstum zu schaffen.

Das Grundgefühl von Geborgenheit allerdings ist maßgeblich für die Bereitschaft der Teilnehmer, Wagnisse einzugehen. Dieses können die Trainer in hohem Maße fördern, indem sie

- Rahmenbedingungen nachvollziehbar, zuverlässig und vorhersehbar vermitteln (Kap. 3.1);
- durch ein freundliches, offenes und faires Verhalten das Vertrauen der Teilnehmer in den Trainer als wohlwollende Autorität und als Schutzfaktor fördern;
- die Freiwilligkeit und Selbstbestimmung jedes Einzelnen nicht nur formell als „Prinzip Freiwilligkeit" einführen, sondern z. B. die Entscheidung einer Person gegen eine Herausforderung als Zeichen persönlicher Stärke und Eigenverantwortung betonen;
- sensibel und wachsam sind für Anzeichen individueller Unterschiede und die Teilnehmer darin bestärken, Entscheidungen so zu treffen, dass sie für ihre persönlichen Bedürfnisse stimmig sind (Kap. 15.4).

5 Was sollte ein Trainer können?

Um all diesen Anforderungen und Bedürfnissen gerecht zu werden und die Lernprozesse der Teilnehmer möglichst gut zu unterstützen, ist vom Trainer ein breites Spektrum an Kompetenzen erforderlich (Tab. 1; Michl 2015; Paffrath 2013; Heckmair/Michl 2013; Hufenus 2003; König/König 2002, 72ff.; Reiners 2003, 46ff.; Reiners 1995, 94ff.).

Tab. 1 Anforderungsprofil an einen Erlebnispädagogen

Anforderung	Beispiele
methodisch-didaktisch	Programmkonzipierung, Moderationstechniken, Auswertungsmethoden
psychosozial	kommunikative Kompetenzen, emotionale Begleitung/Betreuung der Teilnehmer, Stressmanagement
technisch/fachlich	fachkundiger Einsatz u. Wartung des Materials, (Sport-)Techniken **In diesem Bereich sind die Anforderungen bei simple things sehr gering!**
rechtlich	Aufsichts-, Haftungspflicht, Einhaltung von Sicherheitsstandards (Siebert 2003)
Sicherheits- und Notfall-management	Präventionsmaßnahmen, Erste-Hilfe-Kompetenzen, Ruhe und Leitungsfunktion bewahren
Persönlichkeit	Menschenbild, handlungsleitende Ethik

Die wichtigste Kompetenz wird in Tab. 1 jedoch gar nicht abgebildet, da sie mehrschrittig ist und daher eine Kombination aus vielen Bereichen erfordert. Diese Metakompetenz bedeutet, (1) Situationen und Interaktionen auf zugrunde liegende Bedürfnisse analysieren zu können, um (2) aus einem breiten Repertoire an Methoden, Interventionsformen und Trainerrollen (3) flexibel solche auszuwählen, welche die momentane Situation und den Lernzuwachs der Teilnehmer konstruktiv voranbringen (Hildmann/Higgins 2016).

Die Forderung, das gesamte Kompetenzspektrum in voller Breite und Tiefe zu beherrschen, wäre utopisch. Im Sinne eines professionellen und verantwortungsvollen Selbstanspruches sollten wir jedoch

- unsere persönlichen Stärken wertschätzen und zum Gewinn aller einsetzen;
- unsere persönlichen (Kompetenz-)Schwächen wahrnehmen und ungeeignete Aufträge ablehnen, bzw. Schwächen durch Fortbildungen, eine Zusammenarbeit mit Kollegen, zusätzliche Sicherheitsmaßnahmen o. ä. auffangen;
- persönliche Interessens- und Arbeitsschwerpunkte setzen, um mit der Zeit ein Experte auf diesem Gebiet zu werden;
- unser Kompetenzspektrum regelmäßig auf seine Aktualität und Alltagstauglichkeit hin überprüfen und ggf. durch Fortbildungen, kollegialen Austausch, Selbstreflexion etc. auf den neuesten Stand bringen;
- fortwährend an der beschriebenen Metakompetenz arbeiten.

Zudem ist es lohnenswert, Arbeitsteams aus Trainern mit unterschiedlichen Kompetenzprofilen zu bilden und die Rollen und Aufgaben den individuellen Stärken entsprechend zu verteilen. Forschungsergebnisse zeigen, dass solche Konstellationen sowohl für Trainer als auch für Teilnehmer besonders nützliche Synergieeffekten erzeugen (König/König 2002, 75).

Der pädagogische Leiter oder Trainer ist ein zentraler Einflussfaktor für den Lernerfolg der Teilnehmer (Hattie 2009; Ewert/Garvey 2007). Je weniger Material wir einsetzen, das die Aufmerksamkeit und den Verlauf einer Aktivität beeinflusst, umso deutlicher tritt die herausragende Bedeutung einer kompetenten Begleitung der Lern- und Interaktionsprozesse durch die Trainer zu Tage. Daher wird im *simple-things*-Konzept auf eine handlungsorientierte Befähigung der Pädagogen besonderer Wert gelegt (Hildmann, 2015), weshalb die hier beschriebenen Grundlagen zur Prozessbegleitung ebenso wichtig sind wie die nachfolgenden Aktivitäten. Aus Platzgründen sind hier andere wichtige Aspekte der Begleitung von Lernprozessen (z.B. nützliche Gedankenmodelle) sowie Grundlagen der Erlebnispädagogik nicht ausgeführt. Für eine weitere Vertiefung werden daher die Bücher von Michl (2015), Paffrath (2013), Heckmair/Michl (2012), Hufenus (2003), König/König (2002), Reiners (2003; 1995) empfohlen.

Teil II

Simple things in der Praxis

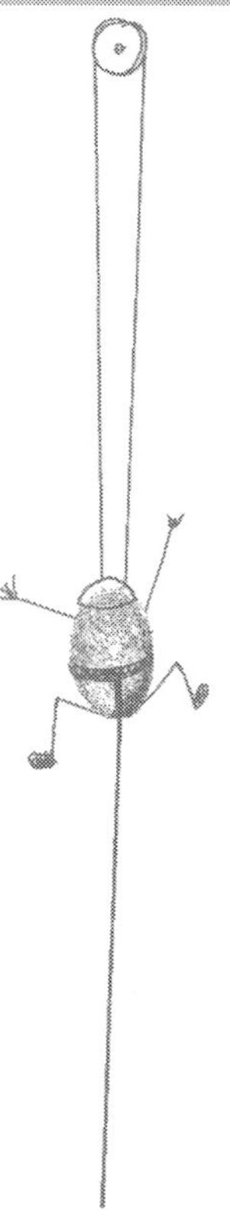

6 Zum Vorgehen

Erlebnispädagogik bedeutet zu einem großen Teil konkretes körperliches Tun. Daher werden im Folgenden eine Reihe praktischer *simple-things*-Aktivitäten vorgestellt.

Natürlich gibt es auch in erlebnispädagogischen Veranstaltungen Phasen, in denen klassische Moderationsmethoden wie das Visualisieren von Ergebnissen gefragt sind. Grundsätzlich wird der zentrale Aspekt der Ganzheitlichkeit in den meisten erlebnispädagogischen Angeboten allerdings umgesetzt, so dass körperliche Bewegung, Zusammenarbeit in der Gruppe und Aufgaben, die auch emotional herausfordern, verbunden werden.

Die thematische Gliederung der präsentierten Aktivitäten orientiert sich an der Reihenfolge, die sich in erlebnispädagogischen Maßnahmen bewährt hat. Dieser Aufbau einer Veranstaltung, z. B. anhand des Wellenmodells, berücksichtigt die wechselnden Bedürfnisse und wachsenden Kompetenzen der Teilnehmer in den verschiedenen gruppendynamischen Phasen (Kap. 3.1) so, dass Lernzuwachs und gewünschte Veränderung optimal gefördert werden. Im Einleitungstext jedes Kapitels werden die entsprechenden Lernziele kurz benannt.

Die Entscheidung, welche Übung letztlich am besten geeignet ist, hängt von der tatsächlichen Teilnehmergruppe, dem Gesamtziel, dem Kontext einer Veranstaltung und von weiteren situativen Faktoren ab. Die vorliegende Auswahl erfolgt mit dem Wunsch, eine beispielhafte Vielfalt an Möglichkeiten anzubieten. Die Erläuterungen haben das Ziel, Impulse für eigene Gedanken und Ideen zu geben.

7 Einstiege gestalten

Oft wird betont, wie wichtig der erste Eindruck ist. Das lässt sich auch auf Veranstaltungen übertragen: Um nicht mit einer zähen Frontalsitzung einzusteigen, können Vorstellungsrunden, die Abklärung gemeinsamer und individueller Lernziele sowie Organisatorisches in handlungsorientierter und interaktiver Weise dargeboten werden. Dies bedeutet keineswegs, dass Informationen niemals frontal, rein verbal und schnell vermittelt werden sollten. Es ist allerdings sinnvoll zu überdenken, welche Alternativen es gibt, die mitunter für die Wirkung auf den Lernerfolg einer speziellen Gruppe besondere Vorteile bieten.

7.1 Sich kennenlernen

Je nachdem wie gut sich die Teilnehmer einer Veranstaltung bereits kennen, ist lediglich eine kurze Willkommensrunde oder sind mehr oder weniger umfassende Aktivitäten zum gegenseitigen Kennenlernen sinnvoll.

Gerade wenn es sich um eine völlig neue Gruppe handelt, können die Programmpunkte zwar eventuell humorvoll sein. Sie sollten allerdings nicht zu wild oder gar albern sein, wie das z. B. bei kleinen Spielen, die als Warm-ups oder Energizer genutzt werden, der Fall sein darf. Die Vertrauensbasis dafür muss innerhalb der Gruppe erst schrittweise wachsen.

Das Ziel solcher Einstiegsaktionen ist, dass die ankommenden Teilnehmer die Möglichkeit haben, die Gesichter, Namen und erste Informationen zu den einzelnen Personen kennen zu lernen. So kann sich jeder Teilnehmer ein Bild von der Gesamtgruppe machen und evtl. auch davon, in welcher Rolle und Position er selbst seinen Platz in der Gruppe findet. Dieser Prozess wird hier nur angestoßen und setzt sich in späteren Phasen fort.

Die nachfolgenden Methoden variieren in ihrer Geschwindigkeit, ihrem Grad an Formalität und Körpernähe, und darin, ob sie eher verbal oder handlungsintensiv sind.

Personen-Uno

Beim Kartenspiel Uno (früher *Mau Mau*) dürfen nur Karten aufeinander gelegt werden, die in mindestens einem Merkmal übereinstimmen. Bei dieser Übung wird diese Idee auf Menschen übertragen: Die Gruppe wird gebeten, sich nach vielen kurzen Absprachen in einer Reihe oder – was etwas schwieriger ist – in einem geschlossenen Kreis zu ordnen. Allerdings dürfen nur Personen nebeneinander stehen, die ein sichtbares Merkmal teilen, wie z. B. Augenfarbe, Brillenträger, Stöckelschuhe, Körpergröße von über 1,80m. In der zweiten Runde müssen die gemeinsamen Merkmale unsichtbar sein, z. B. gleicher Herkunftsort, Berufsbezeichnung, Position in der Firma, gleiche Anzahl an Geschwistern.

Diese Einstiegsaktion eignet sich sehr gut als Eisbrecher für untereinander fremde Teilnehmer und formelle Kontexte.

Fragentausch

Aus einer Schale o. ä. nimmt sich jeder Teilnehmer ein kleines Objekt. Die Objekte können zum Veranstaltungsthema passen, z. B. Bürobedarf, Naturmaterialien, Emoticons. Jeden Gegenstand gibt es genau zwei Mal.

Die Teilnehmer laufen im Raum umher und tauschen ihre Objekte wahllos. Auf ein Signal hin sucht jeder das Gegenstück zu dem Objekt, das er gerade in der Hand hält. Diese Paare unterhalten sich kurz zu einem Thema, das die Trainer vorgeben, z. B. über den Herkunftsort, die Jahre im Betrieb oder über Erfahrungen zu einem bestimmten Thema. Nach ein bis zwei Minuten wird das Signal dazu gegeben, wieder umher zu laufen und die Objekte auszutauschen. Beim nächsten Signal sucht man seinen neuen Partner für das aktuelle Objekt usw.

Diese Methode haben 2016 die Teilnehmer des Moduls *Natur Pur* der Ausbildung zum Erlebnispädagogen am Centrum für Erlebnispädagogik Volkersberg (CEP) entwickelt.

So toll bin ich

Diese Übung eignet sich als lockerer Einstieg für Gruppen, die sich untereinander schon kennen. Das Wertvolle daran ist, dass man unerwartet Nützliches oder auch Unnützes übereinander erfährt, was im einen Fall als Ressource, im anderen Fall der Erheiterung dienen kann.

Zunächst erhält jeder Teilnehmer einen kleinen Zettel und einen Stift. Ohne es den anderen zu sagen oder zu zeigen, schreibt jeder auf seinen Zettel etwas Besonderes, das er kann, ist oder hat, und das möglichst wenige der Anwesenden über ihn wissen. Es darf gerne etwas Skurriles oder völlig Unnützes sein. Es sollte ohne Namensangabe und gut leserlich geschrieben werden. Dann werden die Zettel in einem Beutel o. ä. gesammelt und gemischt. Nun zieht jeder einen Zettel, liest ihn und steckt ihn schweigend in die Tasche. Es darf auch der sein, den man selbst geschrieben hat – man darf es nur nicht verraten.

Die erste Person liest nun ihren Zettel vor, und alle überlegen kurz und im Stillen, wer dies geschrieben haben könnte. Auf ein Kommando zeigt jeder auf die vermutete Person. Der tatsächliche Zettelautor gibt sich zu erkennen und darf kurz etwas dazu sagen, die genannte Begabung demonstrieren o. ä. Dann liest der nächste Teilnehmer seinen Zettel vor usw.

7.2 Zielbestimmung

Auch wenn Vorabsprachen mit einem Teamleiter, z. B. einem Klassenlehrer, als offiziellem Auftraggeber klare Ziele für die Veranstaltung ergeben haben, erfahren die Teilnehmer davon nicht immer. Bisweilen unterscheiden sich die Ziele, Bedürfnisse und Wünsche von Auftraggebern und anwesenden Teilnehmern sogar deutlich. Und „wer nicht weiß, wo er hin will, braucht sich nicht wundern, wenn er ganz wo anders ankommt" (wird verschiedenen Autoren zugeschreiben, u. a. Mark Twain).

Es ist daher ratsam, das vorab vereinbarte Veranstaltungsziel zu benennen („Ziel dieser Veranstaltung ist eine Optimierung eurer Interaktion im Team") und die Teilnehmer anzuregen, innerhalb dieses Rahmens selbst Gruppen- und individuelle Ziele zu setzen („Was wäre innerhalb dieses Rahmens ein besonderer Gewinn für dich/Sie?").

Die Lernforschung zeigt, dass wir schneller und nachhaltiger lernen, wenn wir die Lernziele kennen und selbst (mit)bestimmen dürfen. Dies steigert die Relevanz, Motivation und Eigenverantwortung für die Lernenden. Für die Trainer ergibt sich dadurch ein klarer Auftrag mit einem höheren Maß an Verbindlichkeit im Sinne eines Vertrages mit den Anwesenden (Kap. 14).

Gedanken aus der Zukunft

Die Methode „Gedanken aus der Zukunft" lehnt sich an Verfahren an, die in der systemischen und hypnotherapeutischen Arbeit verwendet werden. Diese Verfahren sind lösungsorientiert, da sich die Teilnehmer gedanklich in einen positiven Zustand in der Zukunft hinein versetzen, von dem aus sie auf ihre gegenwärtige Situation blicken. Die Methode soll so im Sinne einer positiven selbsterfüllenden Prophezeiung wirken.

Hierfür ein konkretes Beispiel: Zu Beginn einer erlebnispädagogischen Maßnahme wird auf ein Flipchart eine große Sprechblase gezeichnet, in der steht „Die Woche war echt super, weil ...!". Statt „die Veranstaltung" wird ausdrücklich der Zeitraum („die Woche", „das Wochenende") bezeichnet, damit auch solche Faktoren genannt werden können, die zwar außerhalb der Veranstaltung liegen, die aber dennoch einen erheblichen Einfluss auf die Aufnahmefähigkeit der Teilnehmer haben – wie etwa der Besuch eines Freundes, das traditionelle Weinfest etc.

Die Teilnehmer erhalten Zettel, auf denen sie den begonnenen Satz für sich beenden. Diese werden dann in die große Sprechblase geklebt und dienen den Trainern als Richtlinie für die Veranstaltung.

Wunschkarten

Diese Methode regt dazu an, sich von der eigenen Perspektive zu lösen und stattdessen Wünsche und Ziele für die Gruppe als Ganzes zu formulieren.

Zur Vorbereitung wird buntes Papier (am besten dickes Papier oder Tonkarton) auf DIN A5 Größe zugeschnitten und in der Mitte gefaltet, sodass Klappkarten in DIN A6 Größe entstehen. Jeder Teilnehmer erhält eine Karte und schreibt einen Wunsch auf, den er in Bezug auf die Veranstaltung oder die Gruppe hat. D. h. dort steht dann z. B. „Liebes Team-Seminar, ich wünsche dir engagierte Teilnehmer, viele Aha-Momente, und dass wir ganz viel von dir mitnehmen können. Deine XY".

Die Vorderseite der Karten darf jeder selbst gestalten. Bunt- oder Filzstifte eignen sich hierfür gut. Die beschriebenen Karten werden an den Sitznachbarn übergeben und nacheinander laut vorgelesen.

Abschließend können sie zur Dekoration und visuellen Erinnerung aufgestellt und ggf. am Veranstaltungsende wieder aufgegriffen werden.

Mein roter Luftballon

Im Hintergrund dieser Übung steht die Imagination eines Kindes, das einen Tag auf einem Rummelplatz verbracht hat und sich zum Abschluss dieses Tages ein Souvenir wünschen darf. Es wählt einen roten Ballon, der symbolisch mit den großartigen Erlebnissen dieses bunten Tages gefüllt ist.

Nun sollen sich die Teilnehmer gedanklich an das Ende dieser Veranstaltung versetzen, die ja hoffentlich ebenfalls voll großartiger Einsichten und Erfahrungen gewesen sein wird. „Wofür steht dein roter Luftballon? Was ist die eine besondere Erinnerung/Erfahrung/Erkenntnis, die du von diesem Rummelplatz mitnehmen möchtest?". Jeder Teilnehmer erhält einen roten Luftballon und einen wasserfesten Stift, um seinen Wunsch darauf festzuhalten.

Anschließend werden diese roten Ballons im Plenum vorgestellt und für die Dauer der Veranstaltung an eine Schnur gebunden.

7.3 Organisatorisches

Meist werden organisatorische Themen wie Zeitplanung, Räume für Arbeit und Freizeitgestaltung, Essenszeiten etc. frontal und in eher trockener Weise schnellstmöglich abgehandelt. Es lohnt sich allerdings zu überlegen, ob ein Teil davon in erlebnisorientierter Weise interaktiv mit den Teilnehmern er- oder bearbeitet werden kann. Notwendiges kann für wertvolle (erlebnisorientierte) Lernchancen genutzt werden, sodass der zusätzliche Zeitaufwand eine gute Investition ist.

Falls Sie selbst kreativ werden und sich etwas ausdenken möchten, berücksichtigen Sie bitte, dass die Teilnehmer sich untereinander eventuell noch nicht gut kennen. Die Aktivitäten sollten also keine hohen Ansprüche an Koordination oder Konfliktpotenzial stellen.

Hausrallye

Mit etwas Vorbereitung kann ein großer Teil organisatorischer Aspekte in einer lebhaften Hausrallye vermittelt werden. Hierzu werden Kleingruppen gebildet (Kap. 8.2), die mit einer Liste an Aufgaben losgeschickt werden. Hier sind einige Beispiele für etwaige Aufgaben:

- Wann öffnen und schließen die Haupttüren des Hauses?
- Was steht über der Tür unseres Aufenthaltsraumes?
- Wann sind die Essenszeiten?
- Macht ein Foto von euch und einem der Hausmeister!
- Wo und unter welchen Bedingungen kann man Tischtennisschläger ausleihen?

Durch Zeitmessung, Punktevergabe und ggf. Preise kann der Aktivität zusätzliche Motivation und Geschwindigkeit verliehen werden. Doch auch das Gegenteil kann erwünscht sein, da sich die Teilnehmer beim Umherlaufen in ihren Gruppen unterhalten und sich kennenlernen können.

Wäscheleine

Um verschiedene Informationen von den einzelnen Teilnehmern abzufragen, wird eine Wäscheleine etwa auf Hüft- bis Schulterhöhe quer durch den Raum gespannt. Daran werden maximal vier Poster gehängt (ca. DIN A3), auf denen Symbole für verschiedene Themen abgebildet sind, z.B. „Das sollte die Gruppe über mich wissen“ (was eine Gesundheitsabfrage mit einbeziehen kann), „Meine Wünsche zum Programm“, „Das verstehe ich noch nicht“.

Ein Teilnehmer nach dem anderen geht hinter der Wäscheleine von einem Poster zum nächsten und äußert sich jeweils zu dem Poster, hinter dem er gerade steht. Um lange Monologe zu verhindern, kann eine Vorgabe von maximal drei Sätzen pro Poster gemacht werden.

Fotosuche

Diese Methode kann verwendet werden, um Gruppen für nachfolgende Aufgaben zu bilden, z. B. für die Hausrallye. Sie kann aber auch für Diskussionsrunden zu Programmwünschen eingesetzt werden.

Zur Vorbereitung werden Kärtchen mit Fotos von markanten Orten im oder um den Veranstaltungsort erstellt. Es werden so viele gleiche Fotos verteilt wie anschließend Teilnehmer in einer Kleingruppe sein sollen, d. h. umgekehrt, so viele verschiedene Fotos wie anschließend Gruppen entstehen sollen. Die Teilnehmer strömen nun aus und suchen den abgebildeten Ort, wo sie den Rest ihrer Gruppe und evtl. bereits einen weiteren Arbeitsauftrag finden. Gruppenleiter sollten an zentralen Orten stehen, um ggf. Hilfe zu geben, und evtl. sollte für den nachfolgenden Arbeitsauftrag zu jeder Gruppe ein Trainer als Unterstützung hinzukommen.

8 Einteilen von Gruppen

Unabhängig davon, wie groß die Gesamtgruppe ist, funktionieren manche Übungen besser oder überhaupt nur, wenn in kleineren Teilgruppen oder sogar Paaren gearbeitet wird. Außerdem kann nur eine bestimmte Anzahl von Personen gleichzeitig reden oder an einer Konstruktion hantieren, sodass eine Aufteilung größerer Gruppen die Chance für jeden einzelnen erhöht, sich optimal mitzuteilen und einzubringen. Als Idealgröße werden für Kleingruppen drei bis fünf Personen angesehen, für größere Arbeitsteams acht bis maximal zwölf Personen.

Ein pädagogisches Lernziel als solches gibt es in der Aufteilung von Gruppen nicht. Gruppen auf immer andere Weise einzuteilen, hilft allerdings dabei, die gewohnte Grüppchenbildung aufzubrechen, was zur Teamentwicklung beiträgt. Wenn wir den Vorgang des Einteilens in Gruppen möglichst abwechslungsreich gestalten, können wir zudem die Aufmerksamkeit der Teilnehmer immer wieder wecken und mit der einen oder anderen Methode einen Moment fröhlicher Auflockerung erzeugen.

Dass Abwechslung Aufmerksamkeit und Interesse weckt, gilt grundsätzlich und lässt sich unauffällig als Prinzip umsetzen, indem z.B. im Laufe eines Tages oder einer Veranstaltung einfache und kurze Aktionen mit aufwendigeren abwechseln – nicht nur bei der Gruppeneinteilung.

Die folgenden Ideen sind untergliedert in (a) Einteilen in zwei Gruppen, (b) in mehrere Kleingruppen und (c) in Paare.

8.1 Einteilen einer Gruppe in zwei Teilgruppen

Basar

Murmeln (oder andere kleine Gegenstände, z.B. Spielkarten, Kieselsteine, Zettel mit Symbolen) werden in der Anzahl der Teilnehmer so vorbereitet, dass sich die eine Hälfte von der anderen in einem Merkmal unterscheidet (z.B. zehn helle und zehn dunkele Murmeln). Eine kleine Anzahl einer Sorte wird zusätzlich unauffällig markiert, z.B. mit einem Punkt auf zwei der hellen Murmeln.

Jeder bekommt wahllos eine Murmel, die nun auf einem lebhaften Basar hin und her getauscht werden sollen. Es können dabei kurze Verhandlungsgespräche stattfinden, das Tauschen sollte allerdings zügig und mit verschiedenen Leuten erfolgen.

Auf ein Signal hin werden die momentanen Besitzer der dunklen Murmeln zu Polizisten, die unter den Marktbesuchern mit den hellen Murmeln die beiden „Taschendiebe" mit dem Punkt zu erraten versuchen. Danach beginnt wieder das Basartreiben. Nach beliebig vielen Runden bilden die Polizisten die eine Teilgruppe und die Marktbesucher die andere.

Wenn gewünscht, können für richtig erwischte Taschendiebe Punkte an die Polizistengruppe verteilt werden, was insofern humorvoll ist, da die beiden Gruppen sich ständig ändern.

Im Sinne einer Hinführung zum Thema können auch Geheimagenten Zettel mit Botschaften tauschen, Forscher Mikrochips etc. – je nachdem, was in einer nachfolgenden Rahmengeschichte an Personen, Requisiten oder Themen eingeführt werden soll.

Falsche Paare

Zunächst werden Paare gebildet (Kap. 8.3) Die Paare entscheiden sich nun, wer von ihnen beiden z. B. „rot" ist und wer „grün". Dann bilden alle roten zusammen eine Gruppe und alle grünen eine zweite, wodurch die Partner wieder getrennt werden. Mit dieser Methode kann eingeschliffener Pärchenbildung entgegengewirkt werden.

Als möglicher Zwischenschritt stellen sich die Partner gegenüber, sodass wie bei einem Spalier zwei Personenreihen entstehen. Die Paare dürfen sich, wenn sie wollen, voneinander verabschieden, bevor jeder drei Schritte rückwärts geht und erklärt wird, dass dies nun die beiden Teilgruppen sind.

Bei dieser Methode bietet es sich an, nach der Hauptaktivität eine Auswertung in Paaren durchzuführen, bei der die beiden Partner wieder zusammengeführt werden.

Schritt vorwärts

Die Teilnehmer werden gebeten, einen Schritt nach vorne zu machen, ohne das zweite Bein nachzuziehen. Alle, die den linken Fuß vorne haben, gehören zur einen, alle mit dem rechten Fuß vorne zur anderen Teilgruppe. Das gleiche funktioniert mit Beine übereinander schlagen (rechtes oder linkes Bein oben?), Arme verschränken (rechte oder linke Hand oben?) oder Hände falten (rechter oder linker Daumen oben?).

Diese Zufallsmethode teilt die Gruppe zwar meist in ungefähr, aber nicht exakt gleich große Gruppen. Um exakte Zahlen zu erhalten, muss also entweder jemand entgegen der Methode zugordnet werden oder eine kontrollierbarere Methode gewählt werden.

8.2 Einteilung einer Gruppe in mehrere Kleingruppen

Hände drücken

Der Trainer drückt jedem Teilnehmer einzeln die Hand, und zwar entweder einmal, zweimal oder dreimal – bzw. bis zur erwünschten Anzahl an Kleingruppen. Dann mischen sich die Teilnehmer und drücken anderen genauso oft deren Hand. Wer zusammen passt, bildet eine Gruppe.

Achtung: Als Trainer muss man die Hände deutlich und nicht zu schnell drücken, damit den Teilnehmern ihre Anzahl auch erkennbar wird. Außerdem muss man mitzählen, wie oft welche Zahl schon vergeben wurde.

Passt zusammen

Die Teilnehmer ziehen verdeckt jeweils einen Zettel mit einem themenbezogenen Begriff (z.B. Dinge von der Packliste für ein Zeltlager). Dann werden sie gebeten, zwei weitere Zettel zu finden, die zu ihrem eigenen passen, die z.B. gemeinsam eine Funktion erfüllen oder gemeinsam verwendet werden.

Die Methode eignet sich am besten zur Bildung von Dreiergruppen. Größere Kleingruppen sind prinzipiell möglich, es wird allerdings schwieriger Gemeinsamkeiten zu finden. Alternativ können auch lustige Aufkleber, Emoticons, Schlümpfe oder anderes verwendet werden.

Abzählen mit Verwirrung

„Eins, zwei, drei", „eins, zwei, drei" – abzählen kann jeder. Mehr Unterhaltung bietet die Methode „Abzählen mit Verwirrung". Es wird hoch und wieder runter gezählt, und zwar eine Zahl höher als es Gruppen geben soll. Also z.B. für drei Gruppen: „EINS, zwei, drei, VIER, drei, zwei, EINS, zwei, drei" usw. Dann kommen alle Zweier zusammen, alle Dreier und – Achtung! – alle Einser plus Vierer.

Die verdutzten Gesichter sorgen für eine lockere Atmosphäre und einen gelösten Einstieg in eine darauffolgende Übung.

8.3 Einteilung einer Gruppe in Zweier-Paare

Blickkontakt

Alle sitzen oder stehen im Kreis. Der Trainer zählt laut bis drei. Daraufhin sehen alle gleichzeitig einen anderen Teilnehmer an, für den sie sich vorher im Stillen entschieden haben. Treffen sich die Blicke zweier Personen, haben diese sich als Paar gefunden. Alle anderen gehen in eine neue Runde, bis alle paarweise aufgeteilt sind. Zur besseren Übersicht verlassen die entstandenen Paare den Kreis.

Schwarzer Peter

Beim Kartenspiel Schwarzer Peter gehören immer zwei Karten thematisch zusammen – bis auf die Karte mit dem schwarzen Peter, die wir bei einer ungeraden Anzahl an Teilnehmern als Joker verwenden. Je nach Anzahl der Teilnehmer wird die passende Zahl an Kartenpaaren ausgewählt. Sie werden gemischt und ausgeteilt. Ohne zu sprechen (und ohne die Karten zu zeigen!) sollen sich die Paare dann zusammenfinden. Der schwarze Peter darf sich aussuchen, mit welchem Paar er ein Dreierteam bilden möchte.

Komposita

Komposita sind zusammengesetzte Hauptwörter, wie z.B. Hausschuh (Haus und Schuh). Auf Kärtchen wird jeweils die eine Hälfte der Wörter geschrieben. Die Karten werden ausgeteilt und dann machen sich die Teilnehmer auf die Suche nach dem Teilnehmer, der das Kärtchen mit der zweiten dazu passenden Hälfte hat.

Anregung: Wenn sich die Komposita auf das Seminarthema beziehen, kann gleichzeitig ein inhaltlicher Bezug hergestellt werden.

Weitere

Mehrere der Methoden zur Einteilung in Kleingruppen eignen sich auch für die Bildung von Paaren (Kap. 8.2).

9 Kooperationsaufgaben

Kooperationsaufgaben werden oft auch als Problemlöseaufgaben, kooperative Abenteuer- oder Interaktionsspiele (Sonntag 2002; bzw. Reiners 2003), Lernprojekte (Heckmair 2008) o. Ä. bezeichnet. In der Regel handelt es sich dabei um Herausforderungen, die an eine Gruppe gestellt werden. Eine Kombination aus Kreativität, strategischem Denken, kooperativem Verhalten (klare Absprachen, Arbeitsteilung, Rücksichtnahme usw.) und ggf. weiteren Faktoren wie Vertrauen, Zeitmanagement oder Durchhaltevermögen ist erforderlich, um sie erfolgreich zu meistern.

Zu solchen Aktivitäten ist bereits reichlich Literatur (z. B. Gilsdorf/Kistner 2001; 2003; Reiners 2003; 2005; Sonntag 2005; Heckmair 2008; Rohnke 1994) mit großartigen Aufgaben, die auch in den *simple things* Bereich fallen, erhältlich. Hier werden daher nur einige als Beispiele für verschiedene Zielschwerpunkte, Komplexitätsgrade, Rahmengeschichten und andere Faktoren vorgestellt. Durch Abwandlung der Anmoderation oder Auswertung können jeweils auch andere Themen mit ihnen behandelt werden.

Bierdeckellauf

Beschreibung: Kleingruppen treten gegeneinander an und müssen überlegen und experimentieren, wie sie möglichst viele Bierdeckel über eine vorgegebene Strecke transportieren können.

Lernziele und Themen: Kreative Problemlösung, Kompromisse schließen, Meinungen und Ideen sammeln und nutzen, Kooperation statt Konkurrenz zwischen Subteams, kooperieren im Sinne einer *best practice*, Konzentration und Leistung unter Zeitdruck, Prioritäten abwägen.

Gruppe: Für alle Altersgruppen geeignet. Wegen des oft hohen Maßes an Körperkontakt nur empfehlenswert, wenn Gruppenmitglieder bereits miteinander vertraut sind. Eventuell ungeeignet für Teilnehmer mit kulturellem und ethnischem Hintergrund, in dem Körperkontakt mit Fremden oder dem anderen Geschlecht ein kritisches Thema sein kann.

Durchführung: Die Teilnehmer bilden Kleingruppen von drei bis fünf Personen und ein großer Stapel Karten oder Bierdeckel wird in die Mitte gestellt.

„Wie viele dieser Karten/Bierdeckel schafft ihr in eurer Kleingruppe über die vorgegebene Strecke zu transportieren? Dabei gelten folgende Regeln:

- Jede Karte muss während der gesamten Strecke von mindestens zwei Personen berührt werden.
- Die Karten untereinander dürfen sich während der gesamten Strecke *nicht* berühren.
- Jede Person darf die Strecke nur einmal zurücklegen.
- Fällt eine Karte herunter oder verrutscht sie so, dass sie eine andere berührt, scheidet diese Karte aus.
- Es ist kein Wettrennen auf Zeit. D. h. jede Gruppe bewegt sich los, wenn sie soweit ist – einzeln oder parallel zu den anderen.
- bei ungleicher Personenzahl pro Kleingruppe: Alle helfen vor dem Start beim Bepacken. Der eigentliche Transport wird danach aber von [Größe der anderen Kleingruppen] durchgeführt."

Während eines Transports überprüfen die Trainer die Einhaltung der Regeln und entfernen Karten, die sich berühren oder nur von einer Person berührt werden.

Wenn alle Gruppen ihren Transport durchgeführt haben, werden die Karten gezählt und die Gewinner gekürt.

Ort: Freie Strecke über mindestens fünf Meter

Material: Pro Kleingruppe ca. 50 Spielkarten oder 45 Bierdeckel. Achtung: Oft werden Bierdeckel bzw. Karten zerknickt oder landen im Dreck. Spielkarten sind leichter zu beschaffen, hinterher aber evtl. beschädigt.

Vorbereitung: Start- und Ziellinie kennzeichnen, ggf. Regeln visualisieren

Sicherheit: Falls die Übung auf unebenem Gelände durchgeführt wird, sollte der Boden auf Löcher, Stolpersteine o. ä. überprüft werden.

Alternativen:

- Nach dem ersten Durchlauf werden die angewandten Strategien verglichen und die Teilnehmer angeregt, die Aufgabe noch einmal als Großgruppe zu wiederholen. Wie können die Strategien noch optimiert werden? Welche Höchstzahl an transportierten Karten wird angestrebt?
- Die Übung erfolgt unter Zeitdruck: Ab Beginn der Planungsphase wird die Zeit gestoppt. Sobald die erste Gruppe die Ziellinie überquert, werden für jede 10 Sekunden den nachfolgenden Gruppen zwei Karten abgezogen.

Auswertungsideen:

- Für eine Diskussion in Kleingruppen oder im Plenum erhält jeder Teilnehmer fünf Spielkarten bzw. Bierdeckel, mit denen er punkten soll. Beispiele für Fragen: Wie viel von dem, was ich zu dieser Übung beitragen konnte, wurde tatsächlich sichtbar? – Woran lag das? Wie rücksichtsvoll/kollegial/etc. war der Umgangston? Wie gut wurden Beiträge gehört und aufgegriffen?
- Bei Varianten: Welcher Durchgang hat mir mehr Spaß gemacht? Weshalb? Wie hat sich der Zeitdruck auf mich ausgewirkt und wie bin ich damit umgegangen? Welche Prioritäten und Strategien hat unsere Kleingruppe verfolgt? Wie können wir gute Ideen anderer Teams wertschätzen und nutzen?

Kugelbahn ohne alles

Beschreibung: Die Gruppe baut zwei miteinander verbundene Kugelbahnen aus selbst gesuchten Materialien. Die Bedingungen und Vorgaben sind minimal, was viel Kreativität und Selbstorganisation für die Bewältigung der Aufgabe erfordert.

Die Übung lässt sich auch mit einer einzigen oder zwei voneinander unabhängigen Kugelbahnen durchführen, gewinnt durch die gegenseitige Abhängigkeit der beiden Kleingruppen allerdings deutlich an Lernpotenzial.

Lernziele und Themen: Problemlösungsstrategien, Rollen im Team, Arbeitsprozesse und Aufgaben absprechen, hilfreiche und hinderliche Faktoren in der Zusammenarbeit, Konkurrenzdenken zwischen Subteams auflösen, Kreativität

Gruppe: Sechs bis 18 Personen (bei größerer Teilnehmerzahl mehrere Kleingruppen bilden, von denen nur jeweils zwei miteinander gekoppelt sind), für alle Altersklassen geeignet; bei Grundschülern die Kugelbahnen nicht miteinander verbinden und ggf. weitere Hilfen durch Materialvorgaben bieten.

Durchführung: Die Gruppe wird in zwei Teams aufgeteilt. Beide bekommen die gleiche Aufgabe von unterschiedlichen Startpunkten aus:

> „Hier entsteht demnächst eine Kugelbahn: Hier ist der Startpunkt [Kugel an Startpunkt in die Luft halten], und hier ist das Ende [Becher hinstellen]. Dazwischen dürft ihr die Kugelbahn nach euren Vorstellungen bauen. Dabei gilt:

- Start- und Zielpunkt dürfen nicht verändert werden.
- Was ihr an Material und Hilfsmitteln verwendet, dürft ihr selbst entscheiden. Es darf dabei nur nichts beschädigt werden.
- Ihr dürft Teil der Konstruktion sein, die Kugel selbst darf nach dem Start allerdings niemanden mehr berühren.
- Die Kugel muss ununterbrochen in Bewegung bleiben und sie darf nicht auf den Boden fallen.
- Wird eine Regel verletzt, erfolgt ... [Anregungen für Konsequenzen bei Regelverstößen sind im Kapitel 15.3 zu finden].
- Die beiden Kugelbahnen teilen sich den Becher als gemeinsamen Zielpunkt,.
- Die beiden Kugeln müssen in einem Zeitabstand von maximal drei Sekunden im Zielbecher landen. Wie lange die Kugeln vom Start- zum Zielpunkt brauchen, ist egal."

Ort: Drinnen und draußen möglich; Räume mit viel Einrichtungsgegenständen und Material fördern spielerisches Experimentieren, karge Räume eher Improvisationskunst.

Material:
- zwei gleiche Kugeln (z. B. Gummiball, Holzkugel, Murmel mit 2,5 bis 5cm Durchmesser) – möglichst in kräftiger Farbe und unzerbrechlich
- zusätzliche Ersatzkugeln, falls doch mal eine kaputt oder verloren geht.
- ein Becher

Vorbereitung: Keine erforderlich

Sicherheit: Vorsicht bei Kugelbahnen über Treppen: Mindestens eine Person wird dann zum Sicherheitsbeauftragten bestimmt.

Alternativen: Manche Menschen und Gruppen sind von dem Maß an Freiraum überfordert, das diese Aufgabe bietet. Stärkere Vorgaben und Struktur können hier hilfreich sein, z. B.

- Es darf nur hartes Material, Kleidung oder Papier verwendet werden.
- Die Kugel darf zwischendurch die Richtung ändern, hüpfen, kreiseln etc.
- Papier ist als Baumaterial verboten. Denn Papier in Form von Flipcharts ist in vielen Räumen verfügbar, was zu einer schnellen Entscheidung für eine Strategie (Papierröhren bilden) führen kann, bevor kreative Alternativen er- und bedacht wurden.
- Regeln werden weggelassen (z. B. darf die Kugel den Boden oder Teilnehmer die Kugel nun auch berühren).
- Es wird mit einer Beratungszeit und anschließendem Sprechverbot gearbeitet.

Auswertungsideen:

- Was war dein Beitrag zum Erfolg? Was hat dein linker Nachbar zum Erfolg beigetragen?
- Wer hat welche Funktion und Rolle im Team übernommen? Welchen Wert haben sie für das Team?
- Wie wurden Strategien entwickelt? Wie wurden Entscheidungen getroffen? Was lässt sich hierbei für die Zukunft noch verbessern?
- Die gebaute Kugelbahn bzw. der Weg der Kugel wird als Metapher gedeutet: Was braucht es, damit Dinge bei Euch im Team ins Rollen kommen? Woran bleibt eure Arbeit manchmal hängen? Was bremst? Was wirft euch aus der Bahn? Welche Faktoren sorgen dafür, dass alles glatt läuft? Impulsfragen an symbolische Stellen der Kugelbahn hängen und die Teilnehmer bitten, ihre Antworten auf Moderationskarten dazuzulegen. Somit werden die Ergebnisse visualisiert.

Parallelübung Dschungelrettung

Beschreibung: Die Übung hat die Rahmengeschichte einer missglückten Expedition und ist in zwei Phasen unterteilt. Zunächst wird die Gruppe in zwei kleinere Gruppen aufgeteilt, von denen jede Teilgruppe für die andere mit beliebigem Material ein Stück Landschaft aufbaut. Diese Landschaft muss dann von der anderen Teilgruppe auf dem Weg zum rettenden Basislager durchquert werden. Die Erbauer der Landschaft erklären die Aufgabe und werden zu Schutzengeln derjenigen, die sich ihren Weg durch die Landschaft bahnen müssen. Nach der Bewältigung des ersten Stücks Landschaft werden die Rollen getauscht. Erfolgreich am Basislager angekommen, feiern alle zusammen ihre Rettung und werten die Expedition aus.

Lernziele und Themen: Verantwortung für andere, Empathie, Zusammenarbeit bzw. kooperatives Denken und Handeln, Absprachen im Team, Problemlösekompetenz, kreatives Planen und Gestalten

Gruppe: Jugendliche und Erwachsene. Für Kinder ist die Übung mit einer vereinfachten Rahmengeschichte durchführbar.

Sechs bis 18 Personen

Durchführung:

> „Ihr seid eine Gruppe von Forschern, die beim Erkunden einer Höhle verschüttet wurde. Jetzt müsst ihr euch aus der verschütteten Höhle befreien. Das ist allerdings noch nicht alles. Außerhalb der Höhle wartet ein dichter Dschungel auf euch, den ihr durchqueren müsst, um zum rettenden Basislager zu gelangen.

Infolge des Höhlenunglücks gibt es in der Gruppe folgende Verletzungen: [Handicaps je nach Gruppe anpassen.]

- Nur von zwei Forschern funktionieren die Stirnlampen noch, alle anderen Personen sind in der Höhle blind.
- Jeder Teilnehmer muss zu mindestens einer anderen Person ständigen Körperkontakt halten, damit niemand verloren geht.
- Im Dschungel können alle bis auf zwei wieder sehen.
- Dafür darf ein Teilnehmer nichts mit den Händen anfassen, weil er eine Grünblattallergie hat.

Die Höhle und der Dschungel müssen zunächst hergestellt werden und zwar jeweils von einer Hälfte eurer Gruppe. Die jeweils andere Hälfte stellt danach in diesem Bereich die Forschergruppe dar, während die Erbauer zu Schutzengeln werden, um auf die Einhaltung von Regeln und die Wahrung der Sicherheit zu achten. Am Höhlenausgang wird also gewechselt: Die Gruppe, die die Höhle gebaut hat, wird dann im Dschungel zum Forscherteam und die Gruppe, die die Höhle erforscht hat, erschafft nun den Dschungel."

Die beiden Gruppen entwickeln kleine Kooperationsaufgaben, wobei die Trainer nach Bedarf unterstützen und steuern. Die Höhle kann z. B. ein Hindernisparcours aus Möbelstücken und der Dschungel mit Gefahrenpunkten wie „Giftfröschen", die durch taktisches Teamverhalten ausgetrickst werden müssen, übersäht sein.

Der Kreativität sind keine Grenzen gesetzt, wenn es darum geht, Spieleinlagen in die Übung zu integrieren. So können z. B. Fantasiewesen auftreten, die für die Bewältigung kleiner Zusatzaufgaben ein Kurzzeit-Heilmittel gegen das Froschgift aushändigen.

Das Wesentliche und Besondere an dieser Übung ist das Entwickeln einer angemessenen und spannenden Aufgabe für die andere Gruppe, was eine Vielzahl an Fähigkeiten und Fertigkeiten fordert. Das eigentliche Durchlaufen der Wegstrecke entspricht letztlich der Aufführung eines selbstgeschriebenen Theaterstückes, das abschließend am Basislager gemeinsam gefeiert wird.

Ort: Zwei getrennte Räume, die ähnlich oder sehr unterschiedlich sein dürfen, und nur so weit voneinander entfernt sein sollten, dass die beiden Gruppen ungestört arbeiten können.

Mögliche Räume drinnen z. B. Seminarraum, Gang, Treppe, Eingangsbereich; draußen: Weg, Rasenstreifen, Spielplatz, Parkplatz, Wald etc.

Material:
- Was an Möbeln oder Sonstigem verfügbar ist. Das Material wird grundsätzlich von der Gruppe organisiert.
- Schnur, Kreppband, Schere, um z.B. Lianen von der Decke zu hängen oder Dinge zu befestigen
- Augenbinden

Vorbereitung: Geeignete Räume auswählen

Sicherheit: Fluchtwege beachten und freihalten; in öffentlichen Räumen (z.B. Parkplatz) die Anwesenheit und Rechte anderer Nutzer respektieren;

Alternativen: Statt Höhle und Dschungel können auch andere geeignete Räume und Landschaftsbezeichnungen gewählt werden, z.B. ein Gang als Schlucht, eine Treppe als Gebirge oder ein Seminarraum/Parkplatz/Rasenstreifen als Sumpf/Wüste/Polarmeer/etc.

Auswertungsideen:
- „Was ist dir bei dieser gesamten Aufgabe (Planung, Bau, Durchführung als Forscher bzw. Schutzengel) besonders leicht gefallen, was besonders schwer?"
- Die Landschaften werden als Metapher für die Teamentwicklung genutzt. Folgende Impulsfragen bieten eine Vorlage für die Diskussion: Wo tappen wir mit unserem Team noch im Dunkeln, wo ist unser momentaner Weg verschüttet? Wie können wir uns Lichtblicke verschaffen? Was könnten Giftfrösche in unserem Teamalltag sein? Welches Gegenmittel können wir uns dafür besorgen?

10 *Simple things* in der Natur

Die Einfachheit in der Natur zu suchen, ist ebenso naheliegend wie paradox. Wer aufmerksam einen Wald betritt, einen Berg erklimmt oder sich an abgelegene Orte dieser Erde begibt, wird sowohl die Einfachheit – im Sinne der Abwesenheit gesellschaftlicher Produkte und Zwänge – wie auch die Komplexität der Ökosysteme wahrnehmen.

Natur wirkt!

Sich in der Natur aufzuhalten – sei es in der fernen Wildnis oder auf der städtischen Grünflächen – hat an sich schon eine nachweisbar gesundheits- und entwicklungsfördernde Wirkung (Dadvand et al. 2015; Muñoz 2009). Dies ist sozusagen ein kostenloser Bonuseffekt, der die Wirkung erlebnispädagogischer Angebote noch verstärkt.

Dass der Mensch sich schon immer den Herausforderungen der Natur stellen musste, spiegelt sich in Urängsten und -bildern wieder, wie sie in den Archetypen C. G. Jungs beschrieben sind (Jung 1988). Etwas Zeit alleine in der Natur (Kap. 10.5) kann zu einer intensiven Auseinandersetzung mit sich selbst und der unmittelbaren Umgebung führen. Auch weil die gewohnte Ablenkung durch die modernen Medien fehlt. In der Natur hat die Reduktion von Hilfsmitteln auf ein Minimum eine noch viel stärkere Wirkung als das Fehlen von Alltagsmaterial in einem städtischen Seminarkontext.

Joseph Cornell (1979; 1991a; 1991b; 2006) hat für die Natur- und Umweltpädagogik ein didaktisches Modell entwickelt, mit dem es möglich ist, selbst Menschen ohne vorherige Begeisterung für die Natur schrittweise mit Faszination und Achtsamkeit zu unmittelbaren und tiefen Naturerlebnissen zu leiten.

10.1 Ursprüngliche Sinneswahrnehmung

Aktivitäten zur bewussten Sinneswahrnehmung können erstens als Hinführung zu einem anderen Thema, zweitens für die Bildung nachhaltiger Entwicklung oder drittens als Schulung einer bewussten Selbst- und Körperwahrnehmung eingesetzt werden. Bei all diesen Aktivitäten wird die Umwelt bewusst miteinbezogen.

Blinde Karawane barfuß

Die Gruppe bildet eine Schlange, bei der sich jeder an der Schulter oder Kleidung des Vordermanns festhalten kann. Die Augen mit Augenbinden verbunden. Im Gegensatz zu der Übung „blinde Karawane“ sind hier alle Teilnehmer barfuß, wobei die Strecke durch Wald und Wiesen, einen (flachen) Bach oder andere Naturräume führt. Der Trainer führt die Schlange an.

Das Prinzip der Freiwilligkeit sollte hier ausdrücklich betont werden, denn bei manchen Menschen löst Barfußlaufen oder Blindsein erhebliches Unbehagen hervor.

Wanderung mit verschiedenen Impulsen

Eine einfache Wanderung kann auf verschiedene Weise als erlebnispädagogische Lernchance genutzt werden:

- Durch Wahrnehmungsaufträge speziell auf Farben, Bewegungen, auf natürliche oder künstliche Geräusche etc. achten.
- Auch Sammelaufträge (Blüten, Samen, Zunder etc.) schärfen die Wahrnehmung und damit das bewusste Eintauchen in die Natur.
- Meditative Impulse (Zitate, Bibelstellen, Symbolkarten usw.) können die Gedanken der Teilnehmer und Interaktionen auf einer Wanderung auf die Lernziele hin ausrichten.
- Ein Stück barfuß zu laufen, verlangsamt zwar das Tempo, ist jedoch für viele eine intensive und einprägsame Erfahrung.

Sich erden

Diese Übung kann sowohl als Abschluss einer Einheit als auch als eigenständige Aktivität durchgeführt werden. Jeder Teilnehmer sucht sich ein Stück (Wald)Boden, das ihm zusagt. Dort legt er sich flach auf den Rücken und stellt sich vor, wie aus seinem Rücken und aus seinen Armen und Beinen Wurzeln in den Boden schlagen und wie diese ihn mit Kraft, Halt und Verbundenheit nähren.

Wenn dies als angeleitete Meditation stattfindet, ist darauf zu achten, dass alle Teilnehmer sich in ausreichender Hörweite befinden.

10.2 LandArt – Kunst in und mit der Natur

Der englische Begriff LandArt hat sich auch im deutschen durchgesetzt und bedeutet Kunst in der Natur und mit Naturmaterialien (Güthler/Lacher 2007; Bestle-Körfer/Stollenwerk 2010; Jagenlauf/Michl, 1997). Orte und Materialien werden aus der Natur entnommen, neu arrangiert und dann wieder den natürlichen Veränderungsprozessen der Natur überlassen. Das Zusammenspiel der entstehenden Kunstwerke mit den natürlichen Gegebenheiten wie Tages- und Jahreszeiten, Witterungsbedingungen, Gezeiten und Wasserpegel etc. spielt dabei eine zentrale Rolle (Andy Goldsworthy in Riedelsheimer 2001) und lässt sich vielseitig für die Bearbeitung und Auswertung von Themen nutzen.

Im erlebnispädagogischen Methodenkoffer ist LandArt ein Tausendsassa, da sie sich sehr vielfältig einsetzen lässt: in einfachen oder aufwendigen Projekten, für Einzelpersonen oder Gruppen, zur Wahrnehmungsförderung, zur Bearbeitung von Sachthemen sowie zur Auswertung kleinerer oder größerer Einheiten. Zudem bietet das kreative freie Schaffen eine hohe Chance, in den optimalen Zustand des Flow zu gelangen (Kap. 4.2).

Oft werkeln die Teilnehmer selbstvergessen vor sich hin, wobei sie im Tun über verschiedene Themen reflektieren (Kap. 10.5). Als Material und „Leinwand" wird das verwendet, was die jeweilige Umgebung in der momentanen Jahreszeit zu bieten hat: *simple things* par excellence.

LandArt als thematischer Einstieg

Um in das Thema LandArt oder in eine Einheit zur Naturbetrachtung einzusteigen, kann eine kurze LandArt-Übung eingesetzt werden. Zum Beispiel können Pappstreifen (ca. 5x10cm) ausgeteilt werden, auf denen jeweils ein Streifen doppelseitiges Klebeband klebt. Dieses dient nun als Minileinwand, auf der jeder in drei Minuten ein kleines Kunstwerk mit Naturmaterialien produzieren kann.

Zugegeben, zugeschnittene Pappstreifen sind kein Alltagsmaterial, das man gewöhnlich im Wald findet. Der Aufwand der Vorbereitung lohnt sich allerdings. Die Ergebnisse sind meist sehenswert, die Durchführung schnell und die Schärfung einer differenzierten Wahrnehmung auf kleine Details und zur Verfügung stehendes Material in der Umgebung erfolgt wie von selbst.

LandArt als Wahrnehmungs- und Achtsamkeitsübung

In dieser Form kann LandArt als Vorübung für eine intensivere und ruhigere Einheit eingesetzt werden. Der Auftrag wird so formuliert, dass er eine bewusste und detaillierte Wahrnehmung von kleinsten Details anregt.

Das begünstigt in der Ausführung Ruhe, Achtsamkeit und erhöhte Aufmerksamkeit. Im Folgenden einige Beispiele für Aktivitäten:

- Die Erstellung eines Bildes oder Mandalas, eines fragilen Windspiels oder eines Steinmännchens (d. h. aufeinander gelegte und vorsichtig ausbalancierte Steine) erfordert einiges an Geduld und Fingerspitzengefühl.
- Der Auftrag lautet, zwei genau gleiche Steine, Kastanien, Schneckenhäuser o. ä. zu finden. Da das nicht möglich ist, richtet sich das Augenmerk auf die winzigen Unterschiede einzelner Gegenstände.
- Blätter, Steine, Stöcke o. Ä. werden gesammelt und ihrer Farbe nach nebeneinander angeordnet, sodass sich ein möglichst fließender Farbverlauf ergibt. Dabei kann eine natürliche Gegebenheit (wie eine Wurzel oder ein Loch) optisch betont oder umrandet werden. Beeindruckende Beispiele finden sich in den Bildbänden des LandArt Künstlers Andy Goldsworthy (1995).

LandArt als Kooperationsaufgabe

Ein LandArt-Projekt kooperativ entwickeln zu lassen, ist grundsätzlich ganz einfach: Kleingruppen oder alle Teilnehmer erhalten gemeinsam den Auftrag, mit Naturmaterialien ein bestimmtes Thema darzustellen. Dies kann das Thema des Tages sein, die besondere(n) Stärke(n) der Gruppe, ihre bisherige Entstehungsgeschichte oder Entwicklung nach dem Motto „Wir in zehn Jahren".

Die Gruppe kann selbst entscheiden, an welcher Stelle ihr Kunstwerk in die Landschaft eingefügt wird bzw. aus ihr entsteht. Auch die Entscheidung darüber, was dargestellt werden soll oder ob es ein flaches Bild, eine bewegliche Installation oder eine ganz andere Form haben soll, wird der Gruppe überantwortet. Die Absprachen in der Gruppe fordern gewisse Gesprächsregeln und Umgangsformen und die praktische Umsetzung der Ideen begünstigt eine kooperative Zusammenarbeit.

Für Gruppen, bei denen die Kommunikation im Plenum noch schwierig ist, kann die Aufgabe auch in zwei Schritten durchgeführt werden: Zuerst sucht jeder für sich einen Gegenstand bzw. Material, das symbolisiert, wie man sich in der Gruppe fühlt. In einem zweiten Schritt wird aus dem gesammelten Material ein Gemeinschaftsbild erstellt, das dann den Teamgeist symbolisiert. Da bei dieser Variante mehr Struktur vorgegeben ist, ist die Aufgabe leichter zu bewältigen.

Für Kinder bietet es sich an, das LandArt-Projekt in eine Rahmengeschichte einzubauen. So können die Kinder z. B. Behausungen für zauberhafte Wesen, die in der Gegend beheimatet sind, bauen. Die Waldelfen und Matschgeister im sehr empfehlenswerten Buch von Güthler und Lacher (2007) sind großartige Beispiele dafür.

LandArt zur persönlichen Themenbearbeitung

Da die Entstehung eines Kunstwerks in und mit der Natur Zeit und Ruhe erfordert, eignet sich LandArt wunderbar als Methode zur stillen, handelnden und kreativen Reflexion über persönliche Themen wie den nächsten Lebensabschnitt, eine anstehende große Entscheidungen, Trauerarbeit o. Ä. Eine mögliche Übung sähe z. B. so aus, dass die Teilnehmer das Veranstaltungsthema oder ein persönliches Thema an einem für sie individuell stimmigen Ort mit Naturmaterialien ausdrücken. Die Trainer sollten dabei im Blick behalten, wo die einzelnen Teilnehmer zu finden sind, und für persönlichen Gesprächsbedarf zur Verfügung stehen.

Anschließend kann eine Art Ausstellungsführung stattfinden, bei der alle gemeinsam die Kunstwerke betrachten und die Künstler ihre Werke und Gedanken vorstellen können.

Ein weiterer interessanter Aspekt ergibt sich, wenn jeder Teilnehmer nach ein paar Stunden oder am nächsten Tag sein Kunstwerk noch einmal aufsucht. Naturprozesse wie das Welken von Pflanzen, andere Lichtverhältnisse, Windverwehungen o. Ä. führen zu leichten oder auch grundlegenden Veränderungen am Kunstwerk, wodurch unerwartete und oft wertvolle neue Perspektiven für die Auseinandersetzung mit dem Thema entstehen.

LandArt als Auswertungsmethode

Diese Übung kann sowohl zur Auswertung einer einzelnen Aktivität als auch in größerer Form als Seminarauswertung oder als Teil des Abschiednehmens von der Gruppe angeboten werden.

Die Teilnehmer werden als Abschluss einer Übung z. B. gebeten, ein paar Minuten spazieren zu gehen und die vorherige Übung unter einer bestimmten Fragestellung auszuwerten. Für die anschließende Abschlussrunde im Plenum bringt jeder einen Gegenstand mit, der für ihn eine Erkenntnis repräsentiert, die während der Übung gemacht wurde. Nachdem die gesammelten Gegenstände in der Gruppe vorgestellt wurden, können sie entweder zu einem Gruppenbild oder Mandala zusammengelegt oder zur Transferunterstützung von jedem einzeln mit nach Hause genommen werden.

Als Teil der Abschlussphase einer Veranstaltung kann die Gruppe als Ganzes z. B. gebeten werden, mit Naturmaterialien den (symbolischen) Weg ihres gemeinsamen Wochenendes, sich als Gruppe oder ein Symbol für ihre wichtigste Errungenschaft darzustellen. Eine Aufgabe wie diese verbindet Kooperation, eine zusammenfassende Auswertung und eine Visualisierung der Ergebnisse. In Form von Fotos können die visualisierten Ergebnisse zur Transferunterstützung mit nach Hause genommen werden.

LandArt in der Stadt

Wer sagt, dass LandArt immer in der freien Natur verortet sein muss? Gerade der Gegensatz von Naturmaterialien und menschlicher Bebauung solcher *Urban LandArt* (Hildmann 2017, 114f.) kann zum Nachdenken und Provozieren anregen.

Mögliche Themen für die Gestaltung und Auswertung können sein:

- Wo fängt Natur an, wo hört sie auf?
- eine ästhetische Betonung oder Aufwertung von Alltagsperspektiven
- mein Platz in der Stadt oder in der Gemeinschaft
- Kontraste betonen (z. B. Natur und vom Menschen Geschaffenes, Farbkontraste, Licht-Schatten-Spiele)

Weitere Anregungen für erlebnisorientierte LandArt Aktivitäten sind bei folgenden Autoren zu finden: Bestle-Körfer/Stollenwerk (2010), Eckmann et al(2003), Jagenlauf/Michl (1997), Hildmann (2017), Goldsworthy (1995), Kahtke (2014), Günthler et al. (2001) oder Pouyet (2013; 2008).

10.3 Metaphorische Naturbetrachtung

Es ist ein faszinierendes Phänomen, das von Teilnehmern immer wieder beschrieben wird: Wenn man Zeit in der Natur verbringt und sie mit offenen Sinnen wahrnimmt, machen viele die Erfahrung, dass sich die eigenen Gedanken ordnen. Die Auseinandersetzung mit der Natur kann kaum bewusste Emotionen, Gedanken und Fragen zugänglich machen. Das wird therapeutisch genutzt und ist ebenso für die Erlebnispädagogik bedeutsam. Durch die konkrete Fragestellung bzw. den Gedankenimpuls zu einer solchen Übung kann eine Spannbreite mehr oder weniger psychologisch tiefgreifender Themen behandeln werden.

Nachfolgend sind einige Aktivitäten zur metaphorischen Deutung von Natur und Natursportarten beispielhaft erklärt.

Natursportarten als Metaphern

Bereits eine einfache Fortbewegung in der Natur kann für intensive Auseinandersetzung mit sich und der Welt genutzt werden. Darauf deuten viele metaphorische Verweise in unserem Sprachgebrauch hin. Wandern zum Beispiel heißt, aus eigener Kraft und bisweilen mühsam und langsam (s)einen Weg gehen, sein Päckchen zu tragen haben, sich orientieren zu müssen, neue Horizonte zu entdecken, seinem Ziel näher zu kommen usw. Ein anderes Beispiel: zwei Personen paddeln in einem Kanu einen Fluss hinunter. Sie sitzen im gleichen Boot, müssen ihren Rhythmus finden, in die gleiche Richtung steuern, ausgewogen oder im Gleichgewicht sein etc.

Solche Doppeldeutigkeiten in unserem Sprachgebrauch können mit gut platzierten Fragen oder Impulsen im Laufe einer erlebnispädagogischen Veranstaltung fruchtbar gemacht werden.

EinzigartICH

Für diese Übung darf sich zunächst jeder Teilnehmer einen Baum auswählen und ihn mit verschiedenen Sinnen entdecken – z. B. die Rinde abtasten und riechen, dem Rauschen der Baumkrone lauschen oder das Ohr an den Stamm legen, den Übergang vom Stamm in den Boden ganz genau betrachten oder den Baum mit den Armen umspannen. Dann werden die Teilnehmer gefragt, was diesen Baum einzigartig macht, was sie – gerne wieder unter Verwendung aller Sinne – für sich zu beantworten versuchen. Der nächste Impuls lautet „Dein Baum spiegelt dich. Was macht DICH einzigartig?“ Die dadurch angestoßenen Erkenntnisse und Gedanken können z. B. folgendermaßen verarbeitet werden: Die Teilnehmer schließen die Augen oder erhalten Augenbinden, ein Blatt Papier, eine Schreibunterlage und zwei verschiedenfarbige Wachsstifte. Nun sollen sie ihre Gedanken aufmalen, und zwar erstens mit permanent geschlossenen Augen und zweitens mit einem Stift in jeder Hand, wobei die Stifte nicht ausgetauscht werden dürfen. Die Ergebnisse sind verblüffend, oft sogar überraschend schön und können für eine Abschlussrunde im Plenum genutzt werden.

Wer die künstlerische Methode oder den Materialaufwand vermeiden möchte, kann die Teilnehmer stattdessen anleiten ihre Erkenntnisse verbal mit einem anderen Teilnehmer oder der ganzen Gruppe zu teilen.

Bäume ermöglichen einen Erfahrungsreichtum für alle Sinne und bieten durch ihre verschiedenen Bestandteile (Wurzeln, Stamm, Äste, Baumkrone) diverse Perspektiven und Deutungsmöglichkeiten. Die Übung kann allerdings ebenso gut mit einem Felsen, einem Blatt o. Ä. durchgeführt werden.

Zwiegespräch mit einem Blatt

Auch hier gilt, dass statt eines Baumblattes auch ein anderes Naturobjekt verwendet werden kann.

Wiederum dürfen sich die Teilnehmer zunächst selbst ein Blatt auswählen. Als gedanklicher Einstieg kann es helfen zu erklären, dass diese Blätter alle von „weisen Bäumen“ stammen, die Jahrtausende an Weisheiten in sich tragen. Nun hat also jeder ein solches wissendes Blatt vor sich, das wie ein Stammesältester befragt werden kann. Die Frage könnte etwa lauten: „Was lehrt dich dieses Blatt über Entscheidungsfindung/Führungsqualitäten/soziale Verantwortung etc.“? Natürlich wird nur ein Thema ausgewählt. Es ist allerdings nahezu egal welches. Um dem Blatt als stillem Weisen eine Antwort zu entlocken, müssen die Teilnehmer ihr Blatt ganz genau und von allen Seiten betrachten. Falls vorhanden, sind Lupen eine bereichernde Ergänzung. Die gewonnenen Erkenntnisse können in der Gruppe ausgetauscht und zur Ergebnissicherung visualisiert werden. Dies kann z. B. so erfolgen, dass mit wasserfesten Stiften direkt auf die Blätter geschrieben oder gezeichnet wird, oder die Blätter auf Papierblätter abgepaust und dort beschriftet werden.

Ein Abschlussimpuls kann sein, auf die schier endlose Zahl „beratender“ Blätter hinzuweisen, was einer ganzen Bibliothek an Ratgeberbüchern gleichkommt. Dass Holz in Form von Papier zu Blättern solcher Bücher werden kann, bietet Raum für abschließende Wortspiele.

10.4 Natur kennen und verstehen

Ein Lernziel, das in diesem Buch bisher wenig behandelt wurde, ist der Erwerb von Fachkenntnissen über die Natur und ihre Zusammenhänge. Aus diesem Wissen können Handlungskompetenzen im Umgang mit der Natur und eine emotionale und ggf. philosophische und/oder spirituelle Verbindung zur Natur wachsen. Nach dem Prinzip „Nur was man kennt, kann man lieben. Und was man liebt, möchte man schützen“, das auf den Verhaltensforscher Konrad Lorenz zurückgeht, führt dies indirekt zu einer nachhaltigeren Haltung und Lebensweise (vgl. Theorie der *Biophilie*, Wilson 1984; Rogers 2017). Im Folgenden einige Aktivitäten, die in diese Richtung zielen:

Pflanzen bestimmen

Pflanzen bestimmen können und wissen, welche Beeren, Kräuter, Pilze man essen kann, welche ungenießbar sind, welche man als Heilmittel verwenden kann, ist nicht nur nützlich, sondern macht auch stolz und selbstbewusst. Die Freude, das Kompetenzgefühl und die tiefe Verbundenheit mit der Natur, die Teilnehmer empfinden, wenn sie zum ersten Mal eine Mahlzeit nur aus selbst gesammelten Pflanzen, Samen etc. genießen, ist die beste Lernzielkontrolle für so eine Veranstaltung.

Der einzige Nachteil bei diesen Aktivitäten ist, dass man selbst zwar nicht viel Material braucht (außer ggf. Bestimmungsbücher für die Teilnehmer), dafür aber ein solides Fachwissen, zumindest was den Verzehr von Pflanzen und Tieren angeht, und gewisse Ortskenntnisse. Diese müssen oft erst durch Fortbildungen und einen wachsenden Erfahrungsschatz erworben werden.

Tiere beobachten

Bei der Beobachtung von und Interaktion mit Tieren ist es ähnlich. Wer lernt, Tierspuren zu erkennen und daraus Schlüsse auf Bodenbeschaffenheit, Wasserquellen usw. zu ziehen, erfährt eine zunehmende Verbundenheit mit seiner natürlichen Umgebung. Diese führt zu einem veränderten Selbstverständnis, sowie zu neuen Perspektiven auf ökologische Zusammenhänge – und den eigenen Platz darin. Begegnungen mit Tieren, z.B. einem Hirsch während eines Solos (Kap. 10.5), werden oft als tief bedeutungsvoll erlebt und nicht selten als spirituelle Erfahrung beschrieben (Louv 2016).

Zusammenhänge in Ökosystemen erkennen

Aus der Beobachtung, welche Pflanzen wo wachsen, kann man Rückschlüsse auf den darunter liegenden Boden ziehen (Grundwassertiefe, Gesteinsschichten, Säuregrad des Bodens etc.). Tierspuren weisen den Weg zu Nahrungs- und Wasserquellen, geben Hinweise auf Gefahrenstellen und markante Landschaftspunkte.

Wer diese Sprache der Natur zu verstehen lernt, fühlt sich zunehmend darin zu Hause, macht sie also schrittweise zu einer Komfortzone (Kap. 4.2), mit der man sich verbunden fühlt, was persönliches Wachstum und Umweltschutz begünstigt.

Wetterkunde, Strömungslehre (für fließende Gewässer und Meere), Geologie (denn die Bodenbeschaffenheit bestimmt Vegetation, Fauna und Möglichkeiten menschlicher Bodennutzung) sind weitere Beispiele solcher Fachkompetenzen. Sie alle fördern ein erweitertes Verständnis ökologischer Zusammenhänge. Personale und soziale Kompetenzen wie nachhaltiges Denken – und hoffentlich auch Verhalten! – können daraus entstehen. Möglicherweise legt das auch den Grundstein für eine philosophische und spirituelle Sinnsuche im Sinne einer Verortung des Selbst in diesem komplexen Kosmos.

10.5 Solo

Solo bedeutet, eine festgelegte Zeit alleine und mit minimaler Ausrüstung in der Natur zu verbringen (Knapp/Smith 2005; Heckmair/Michl 2012, 217 ff.). Das ist bei Weitem keine neue Erfindung, im Gegenteil: In der Urform handelt es sich um ein altes indianisches Initiationsritual für männliche Jugendliche, um die Schwelle zum Erwachsensein zu überschreiten (Foster/Little 1998; 2010). Ein solches Ritual zielt darauf ab, fastend in der Einsamkeit der Natur sich selbst, sein Schutztier, innere Kraftquellen o. Ä. zu entdecken. Auch ohne diese spirituelle Dimension funktioniert ein Solo so, dass die gewohnten Ablenkungen unseres Alltags zurückgelassen werden und wir uns nur mit der unmittelbaren natürlichen Umgebung des gewählten Ortes und zunehmend mit uns selbst beschäftigen. Abseits des schnelllebigen Alltagstrubels entsteht hier ein Raum für intensive Selbstbetrachtung, Reflexion über vergangene und anstehende Lebensphasen, Trauerbearbeitung etc.

Die klassischen mehrtägigen Soloerfahrungen in der Wildnis(z. B. *Vision Quest,* Foster/Little 1998; 2010) müssen intensiv vorbereitet und von speziell geschultem Personal begleitet werden. Sie gehören also nicht in dieses Buch. Verschiedene Konzepte und Methodenbausteine des klassischen Solos (Smith 2005) können auch für kleinere Soli eine Bereicherung sein. Nachfolgend sind einfache Anwendungsbereiche aufgeführt, die dennoch eine beeindruckende Wirkung haben können.

Mini-Solo

Für ein Mini-Solo suchen sich die Teilnehmer einen eigenen und möglichst ungestörten Platz zum Verweilen in der Natur, um in Ruhe die Sinneswahrnehmungen und den Gesamteindruck der Umgebung auf sich wirken zu lassen und spontane Gedanken und Gefühlsregungen zuzulassen. Dies kann als Einstimmung, Wahrnehmungs- oder Achtsamkeitsübung, zur Auswertung oder zur persönlichen Reflexion eingesetzt werden, und je nach Thema und Ziel der Veranstaltung mit einem Impuls (z. B. einer Aufgabenstellung, einem Gedicht oder einer Frage) anmoderiert werden.

Eine Variante ist das sogenannte Dämmerungs-Solo. Die Veränderungen, die in der Natur in diesen Übergangsphasen zwischen Tag und Nacht erfolgen, empfinden viele als beeindruckend. Sie lassen vieldeutige Metaphern zu: zur Ruhe kommen, abschließen und loslassen, erwachen, erstrahlen usw.

Nacht-Solo

Bei dieser Übung übernachtet ein Teilnehmer alleine etwas abseits, d. h. außer Sicht- und ggf. Hörweite des Gruppenlagers (Gilsdorf/Kistner 2003, 147). Wie bei allen Übernachtungen im Wald sollten vorher Absprachen mit dem zuständigen Jagdpächter und Förster erfolgen, um Jagdunfälle sowie eine jahreszeitbedingte Störung des Wildes zu verhindern. Zudem braucht jeder Solist eine Stirnlampe und eine Warnweste, die als oberste Schicht über die Kleidung bzw. den Schlafsack gezogen wird.

Solo-Wanderung

Jeder Teilnehmer läuft entweder eine Teilstrecke bei einer Gruppenwanderung oder die gesamte Tour alleine. Die ständige Veränderung der Umgebung im Gegensatz zum stationären Solo, bei dem man an einem festen Ort verbleibt, sowie gleichmäßig Schritt für Schritt aus eigener Kraft voran zu kommen und „seinen Weg zu gehen", ist für viele eine kraftvolle und tiefgreifende Metapher für mühsam erlangte Veränderung im Sinne von Wachstum und mitunter Heilung.

Die Erfahrung kann durch Schweigen, Fasten oder den vollständigen Verzicht auf Infrastruktur (z. B. biwakieren statt Hüttenübernachtungen) noch intensiviert werden.

Solo in der Stadt

Ein Solo kann auch gezielt im städtischen Umfeld durchgeführt werden (Crowther 2005, 58 ff.; Seuffert 2012; Hildmann 2017, 108 f.). Hierzu begeben sich die Teilnehmer bewusst an einen besonders belebten Ort wie z. B. ein Einkaufszentrum oder die Fußgängerzone. Ansonsten ist der Ablauf wie bei anderen stationären Soli: verharren, wahrnehmen, wirken lassen. Blickkontakt und Gespräche mit anderen sollten soweit wie möglich vermieden werden. Die Kernerfahrung dieser Aktivität liegt darin, aus dem Strom des alltäglichen Treibens auszusteigen und für eine Weile zu einem stillen Beobachter zu werden. Die übrigen Menschen, die weiter ihrem normalen Tagesablauf folgen, können dabei für den Solisten zu einem Spiegel seines üblichen Selbst werden, was Anlässe zur Reflexion über persönliche Themen, Prioritäten und Ziele erzeugt.

Das schaffende Solo

„Schaffend" darf hier sowohl als „schöpferisch" als auch im Sinne von „Arbeit" verstanden werden. Das schaffende Solo ähnelt in vielerlei Hinsicht der meditativen Arbeit von Mönchen. Manche Menschen meditieren und reflektieren besser beim Stillsitzen, andere dagegen eher bei einer gleichförmigen Beschäftigung wie z. B. Laub harken, einen Zaun streichen, Kartoffeln schälen oder während sie sich künstlerisch ausdrücken. Die Übung kann alle Formen gestaltender Künste annehmen, in der Natur bevorzugt auch LandArt (Kap. 10.2). Allein, schweigend und mit ausreichend Ruhe wird in der gestalterischen Interaktion mit der Natur und Naturmaterialien ein persönliches Thema reflektiert und bearbeitet.

Sicherheitshinweise und allgemeine Hinweise

Für alle Formen des Solo gilt:

- Die Trainer sollten zu jedem Zeitpunkt wissen, welcher Teilnehmer wo zu finden ist.
- Ein Notsignal sowie ein Endzeitpunkt für das Solo müssen vereinbart werden.
- Die Teilnehmer sollten, je nach Witterung, Außentemperatur und Dauer des Solos, angemessen mit Flüssigkeit, Jacke, Schlafsack o. ä. ausgestattet sein.
- Es wird angeregt, auf Unnötiges wie Schmuck, Handy oder Uhr bewusst zu verzichten.
- Bei der Rückkehr der Solisten werden sie von der Gemeinschaft empfangen, und es wird ihnen Raum gegeben, ihre Erfahrungen zu teilen und weiter zu verarbeiten.

Werden diese Punkte beachtet, sind Soli gute Beispiele dafür, wie man mit einfachsten Mitteln tiefgreifende und nachhaltige Entwicklungsprozesse anstoßen kann.

10.6 Problemlöseaufgaben in und mit der Natur

Kooperations- und Problemlöseaufgaben sind eine der häufigsten Aktivitäten in der Erlebnispädagogik. Sie wurden an anderen Stellen bereits ausführlich behandelt (Kap. 9). Neben vereinzelten Übungen in den üblichen Büchern zu Kooperationsaufgaben (z. B. Gilsdorf/Kistner 2001; 2003; Reiners 2003; 2005; Sonntag 2002; Heckmair 2008; Rohnke 1994) sind in Hildmann (2017) mehrere Kapitel Problemlöseaufgaben mit Naturmaterialien und in naturnahen Räumen gewidmet. Hier sei daher der Platz genutzt, um weniger bekannte Methoden zu präsentieren.

11 Ganz- und mehrtägige Methoden zur Förderung von Wachstumsprozessen

Gruppen- und auch persönliche Lernprozesse brauchen ihre Zeit (Kap. 3.1). Persönliches und soziales Wachstum ist nicht an einem Tag zu erreichen – ein Transfer in den Alltag schon gar nicht. Die Fachliteratur betont einstimmig, dass die Länge der Veranstaltung einer der entscheidenden Faktoren für den (Lern)Erfolg der Teilnehmer ist (Hattie et al 1997).

Um die zur Verfügung stehende Zeit optimal zu nutzen, können zusätzliche Methoden eingeflochten werden. Sie laufen parallel zum offiziellen Programms und zur Freizeit und verstärken deren Wirkung, z. B. indem sie die Aufmerksamkeit auf erwünschte Verhaltensweisen lenken oder durch Vorher-Nachher-Vergleiche Veränderungen verdeutlichen.

Schutzengel

Diese Methode zielt darauf ab, positives soziales Feedback zu geben und so einen wertschätzenden Blick auf die anderen Teilnehmer zu schulen.

Am Beginn des Tages oder der Veranstaltung schreibt jeder seinen Namen auf einen kleinen Zettel. Diese werden gemischt und verdeckt gezogen. Niemand sollte seinen eigenen Zettel ziehen und keiner sollte wissen, wer seinen Namen gezogen hat.

Für den Tag oder diese Veranstaltung wird nun jeder zum Schutzengel für die Person, die er gezogen hat. Im Plenum kann zunächst gesammelt werden, was Schutzengel kennzeichnet, z. B.

- Sie haben ein Auge darauf, dass es ihrem Schützling grundsätzlich gut geht, wobei die emotionale Befindlichkeit und das Gefühl der Gruppenzugehörigkeit, nicht aber luxuriöses Wohlbehagen gemeint ist.
- Sie bleiben unerkannt.
- Hinzu kommt, dass Schutzengel danach Ausschau halten, was ihr Schützling an Positivem tut und sagt, da sie ihm dies am Ende zurückmelden sollen.

Es gibt zwei Möglichkeiten, die Schutzengel am Ende der Veranstaltung aufzulösen. Wenn man sich dafür entscheidet, alle gleichzeitig bekannt zu geben, stehen alle auf und versuchen ihren Schutzengel für ein kurzes Gespräch zu ergattern. Da jeder sowohl Schutzengel als auch Schützling ist, geht das nicht für alle gleichzeitig, was zu gewissen Wartepausen und allgemeinem Gewirr führt. Der Vorteil dieser Variante liegt jedoch darin, dass sie für die Einzelnen einen intimeren Rahmen für die Rückmeldung bietet und zudem schnell vonstattengeht.

Deutlich zeitaufwendiger, allerdings auch festlicher und mit öffentlicher Würdigung, werden die Schutzengel nacheinander aufgelöst. Hierzu wird ein Stuhl in die Mitte des Kreises gestellt, und eine beliebige Person setzt sich darauf. Deren Schutzengel gibt sich zu erkennen, stellt sich neben oder hinter den Schützling und teilt ihm und allen mit, was er oder sie Lobenswertes beobachtet hat. Anschließend steht der Schützling auf und geht auf seinen Platz. Der Schutzengel setzt sich auf den Stuhl in der Mitte, wird damit zum Schützling und sein Schutzengel tritt aus der Runde vor. In dieser Weise wird verfahren bis alle an der Reihe waren.

Als Ergänzung können die Schutzengel ihre Rückmeldung in Form eines Symbols oder guten Wunsches aufschreiben und nach ihrer Rückmeldung überreichen.

Team-Torte

Die Team-Torte ist eine einfache Methode zur Visualisierung von Veränderungsprozessen in der Teamentwicklung. Sie wird zwei Mal durchgeführt, nämlich relativ am Anfang und am Ende einer mehrtägigen Veranstaltung. Sie besteht aus zwei Schritten, wobei der erste nur einmal erforderlich ist: Der Gruppe werden folgende zwei Fragen gestellt:

- „Was brauchst du/braucht ihr, um
- euch in dieser Gruppe wohl zu fühlen?
- gut zusammen arbeiten zu können?“

Die beiden Aspekte „wohl fühlen“ und „gut zusammenarbeiten können“ stehen vereinfacht für ein erfolgreiches Team. Die Antworten der Teilnehmer werden gesammelt und für alle sichtbar notiert. Gegebenenfalls werden Verständnisfragen gestellt, damit alle in der Gruppe die Begriffe verstehen, und Faktoren gebündelt, die ähnlich oder überlappend sind (z. B. „respektvoller Umgang“ und „sich auf Augenhöhe begegnen“). Grundsätzlich sollte die Wortwahl der Teilnehmer gewahrt bleiben, damit der persönliche Bezug für die Teilnehmer möglichst hoch ist.

Die genannten Faktoren werden nun im Idealfall so zusammengefasst, dass acht übrig bleiben, die für den zweiten Teil der Methode benötigt werden. Sind es mehr als acht, wird es zunehmend unübersichtlich, weniger als acht sind hingegen kein Problem.

Auf ein großes Blatt Papier wird nun ein großer Kreis gezeichnet, der in so viele „Kuchenstücke“ unterteilt wird, wie Faktoren genannt wurden.

An jedes Kuchenstück wird außerhalb des Kreises ein Faktor geschrieben (Abb. 4). Dann wird erklärt:

> „Dies ist eure persönliche Team-Torte. Sie besteht aus den Zutaten, die ihr für ein gutes Team als wichtig genannt habt. Jeder von euch nimmt nun bitte einen (dicken) Stift und malt in jedes Kuchenstück genau einen Punkt. Wenn ihr den Punkt innen setzt, bedeutet das, dass ihr diesen Faktor in eurem Team im Moment sehr wenig wahrnehmt. Wird der Punkt ganz außen gesetzt, sozusagen bei der leckeren Sahne- oder Krokantkruste, bedeutet das, dass ihr euer Team in diesem Faktor als sehr stark erlebt. Markierungen dazwischen sind als Abstufung möglich. Die Punkte sollen so groß sein wie eine Rosine (damit man sie nachher gut sehen kann, ohne dass es unübersichtlich wird)."

Eine Anonymisierung kann erfolgen, indem die Punkte von jedem Einzelnen z. B. im Verlauf der Mittagspause eingetragen werden. Und ein möglicher Einfluss der ersten auf die folgenden Teilnehmer kann ausgeschlossen werden, wenn statt Punkten Zahlenwerte von 1 bis 10 für die Faktoren pro Person auf einen eigenen Zettel geschrieben werden, die dann von den Trainern eingesammelt und in die Team-Torte übertragen werden.

Mit dieser Punktevergabe beurteilen die Teilnehmer den momentanen Ist-Stand ihres Teams. Die fertige Torte kann nun genutzt werden, um daraus Ziele und Wünsche für die Veranstaltung abzuleiten: Welche Faktoren scheinen dringend Beachtung zu erfordern? Welche Ängste und eventuell Wünsche für den Umgang miteinander werden ausgedrückt? Was sind bereits vorhandene Ressourcen?

Anschließend wird die Team-Torte außer Sichtweite bis zum Ende der Veranstaltung aufbewahrt. Dann nämlich wird eine identische Team-Torte mit denselben Faktoren präsentiert und die Teilnehmer werden wiederum gebeten zu punkten. Zum Vergleich wird die erste Version hervorgeholt und neben die zweite gehängt. Die Eindrücklichkeit der optischen Veränderung macht diese Methode für viele Alters- und Zielgruppen nutzbar.

Da die Auswertung am Ende der Veranstaltung steht, sollten aus dem Vergleich der Torten möglichst bekräftigende und konstruktive Botschaften abgeleitet werden, die die Gruppe mit nach Hause nehmen kann. Es kommt häufig vor, dass die Punkte in vielen oder sogar allen Segmenten weiter nach außen gewandert sind, was als Zeichen für eine positive Teamentwicklung zu deuten ist. Mitunter verschieben sich Punkte allerdings auch sichtbar nach innen. Dies allerdings steht nicht unbedingt für einen Misserfolg der Veranstaltung. Es kann bedeuten, dass die Teilnehmer nun einen veränderten Referenzrahmen für ihre Punkte haben. So kann z. B. „gute Absprachen" am Anfang eine leere Worthülle sein, der gegenüber

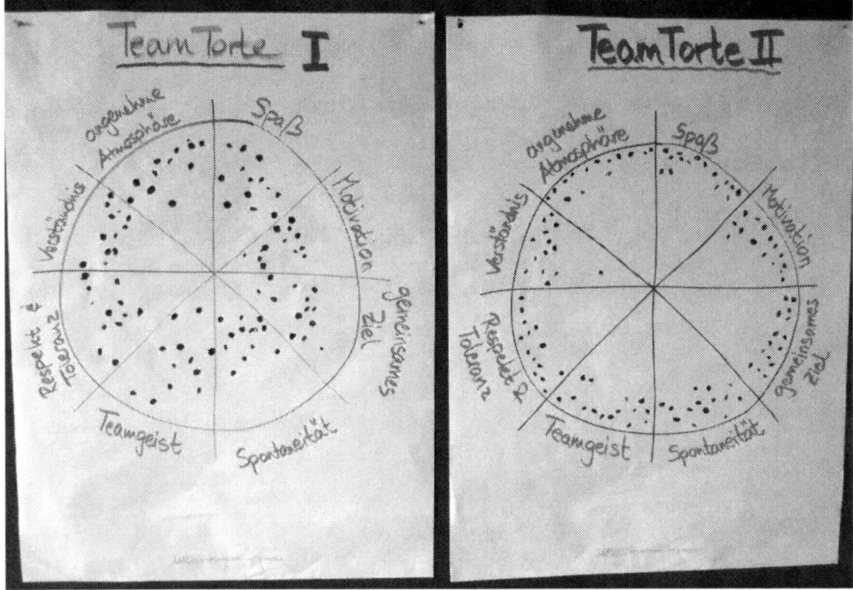

Abb. 4: Die Team-Torte visualisiert den subjektiv erlebten Ist-Stand einer Gruppe in Hinblick auf Faktoren guter Teamarbeit.

am Ende ein viel differenzierteres Verständnis mit folglich auch höheren Selbstansprüchen steht.

Was die Team-Torte in Bezug auf die Gruppe darstellt, kann in Form eines Kompetenzrades in gleicher Weise mit Einzelpersonen angewandt werden, um die eigene Entwicklung in verschiedenen Kompetenzbereichen abzubilden.

12 Morgenrunden

Morgenrunden sind kurze (Wieder)Einstige, die wertvolle Funktionen für den Lernprozess und die sozialen Interaktionen einer Gruppe bieten.

Grundsätzlich sind hiermit alle Einstiegsrunden einer längeren Veranstaltung gemeint, also auch solche, die mit Unterbrechungen regelmäßig stattfinden, wie etwa eine wöchentliche Hortgruppe. Meist wird dabei ein Symbolgegenstand im Kreis gereicht, sich zugeworfen, abgeluchst o. Ä. Die Person, die den Gegenstand gerade hat, kann sich zur gestellten Impulsfrage äußern. Alternativ hat jeder Teilnehmer einen eigenen Gegenstand (z. B. ein persönliches Objekt, ein Fundstück aus dem Wald, ein vorgegebenes Impulsbild), zu dem er etwas sagt. Verschiedene Ziele können dabei im Vordergrund stehen:

- Nach einer Pause soll an den bisherigen Prozess angeknüpft werden, um sich wieder auf das Thema zu konzentrieren.
- Es soll eine Bestandsaufnahme dessen, was die Teilnehmer gerade vorwiegend beschäftigt, d. h. ein Ist-Zustand, erhoben werden. Diese Bestandsaufnahme kann sich sowohl auf offene Fragen zum Thema als auch auf Störungen von außen (schlechte Nachrichten von zu Hause oder aus dem Büro, schlecht geschlafen o. ä.) beziehen.
- Es soll ein Rahmen geschaffen werden, der es den Teilnehmern erlaubt, möglichst frühzeitig entstandenen Frust, Ärger oder sonstigen Unmut zu äußern. Dies ist von Bedeutung, damit es nicht zu einem *Schwelbrand* kommt, der unterschwellig durch allgemeine Unzufriedenheit wächst und andere ansteckt.

Diese Morgen- oder Wiedereinstiegsrunden sind durch verschiedene Merkmale gekennzeichnet:

- Jeder kommt einmal an die Reihe, bestimmt – gemäß dem Prinzip der Freiwilligkeit (Kap. 4.2) – allerdings selbst, was und wieviel er preisgibt. Hierdurch wird gewährleistet, dass die Hemmschwelle, Rückmeldung zu geben, möglichst niedrig ist – jemand im Gegenteil sogar aktiv darauf verzichten muss, Unmut o. Ä. zu äußern.
- Aus demselben Grund werden Fragen oder Impulse so formuliert, dass sie entweder ergebnisoffen sind oder gezielt zweiseitig (Smiley und Motzi, Sonnenauf- und -untergang, halbvolles und halbleeres Glas usw.).

Je nach Gruppe ist es sinnvoll als Ritual immer die gleiche Methode zu verwenden oder aber gezielt abzuwechseln, um das Interesse wach zu halten und unreflektierte Standardantworten zu vermeiden.

Bei Bedarf können in gleicher Weise Blitzlichtrunden im Laufe des Tages erfolgen. Auch Tagesabschlussrunden können mitunter hilfreich sein. Hier besteht allerdings die Gefahr, dass Eindrücke noch unreflektiert und Emotionen ungefiltert zum Ausdruck kommen, was am Tagesende, wenn alle erschöpft und hungrig sind, zu vermeidbaren Krisen führen kann. Nach einer Nacht Schlaf werden solche Themen in der Morgenrunde meist viel sachlicher und konstruktiver vorgebracht.

Was läuft rund, was holpert?

In einen Luftballon wird eine Murmel, ein Stein, Stück Knete o. Ä. gesteckt, bevor der Ballon aufgeblasen wird.

Den Gegenstand darin kann man nun herum rollen und wenn man den Ballon jemandem zuwirft, wirkt dieser Gegenstand als Unwucht, sodass der Ballon in der Luft zu eiern beginnt. Die Impulsfragen dazu lauten: „Was läuft hier oder bei mir gerade rund? Und wo holpert es gerade?"

Zur optischen Bereicherung können mit wasserfestem Stift ein gerader Pfeil und eine Wackellinie auf den Ballon gezeichnet werden.

Das magische Megafon

Aus einem Flipchart-Blatt oder aus einem ähnlich großen Bogen Papier wird als Vorbereitung eine große Tüte gerollt. Damit sie als Megafon erkennbar wird, kann aus einem Stück gerollten Papier mit Klebeband ein Griff angefügt werden. Als Tipp: Beim ersten Mal sollte hier ausreichend Zeit eingeplant werden, mit etwas Übung geht die Megafonproduktion zunehmend schneller voran.

Dieses „magische Megafon" wird der Gruppe vorgestellt. Es hat die Fähigkeit, einem beliebigen Körperteil eine Stimme zu verleihen und auszudrücken, was darin gerade grummelt, ziept oder sonst wie vorgeht. Die Teilnehmer halten es an das gewählte Körperteil und sprechen in dessen Namen. Dies ist meist lustig und lädt gleichzeitig dazu ein, einem Bauchgrummeln o. Ä. Gehör zu verleihen.

Vogelperspektive

Mit einem Pfeifenputzer, einem angemalten Luftballon, einer Handpuppe oder schlichtweg mit Kulleraugen auf der bloßen Hand wird ein Vogelkopf dargestellt, dem wie einer Bauchrednerpuppe eine Stimme verliehen wird. Der Vogel erzählt, dass er die Gruppe schon die ganze Zeit aus der Luft beobachtet, und berichtet nun, was er aus der Vogelperspektive so alles sieht. Der Vogel wird reihum gereicht, sodass jeder ihm seine Stimme und seine Gedanken verleihen kann.

13 Abschlüsse, Abschiede und Veranstaltungsende

Die Hauptaktionsphasen eines Programms werden im Vorfeld von den Trainern oft sehr bewusst und gründlich vorbereitet. Der Veranstaltungsbeginn (Begrüßung, Zielermittlung etc.), die Übergänge und prozessfördernden Zwischenschritte sowie nicht zuletzt der Abschluss erhalten hingegen meist weit weniger Aufmerksamkeit in der Planung und Durchführung. Für ziel- und prozessorientierte Pädagogik sind sie jedoch unerlässlich, da gerade hier wertvolle Erkenntnisse aus den gewonnenen Erfahrungen herausgearbeitet und diese konkretisiert und für einen Transfer in andere Kontexte vorbereitet werden (Kap. 3.1). Im Folgenden werden daher die beiden Themen Seminarauswertung und Gestaltung des Abschieds genauer betrachtet.

13.1 Auswertung der Veranstaltung

Am Ende einer Veranstaltung eine Gesamtauswertung anzubieten, kann verschiedene Ziele erfüllen:

- Es kann eine knappe Zusammenfassung der behandelten Themen anvisiert werden. Die gemeinsamen Erfahrungen und Lernsituationen helfen die Erinnerung der Teilnehmer aufzufrischen und bieten eine Basis für zentrale Erkenntnisse (vgl. Phase *What?* in der Übungsauswertung, Kap. 15.4).
- Besonders positive Erfahrungen und die wichtigsten Erkenntnisse oder Erfolge werden von den Teilnehmern individuell oder der Gruppe als Ganzes identifiziert und hervorgehoben (vgl. Phase *So what?* in der Übungsauswertung, Kap. 15.4).
- Die zentralen Erkenntnisse oder Highlights werden methodisch so aufbereitet, dass der Transfer in den Alltagskontext unterstützt und der Lernerfolg verstärkt und nachhaltiger gemacht wird (vgl. Phase *Now what?* in der Übungsauswertung, Kap. 15.4).
- Unabhängig von diesen ersten drei Zielen, die den Wert der Veranstaltung für die Teilnehmer optimieren, können die Trainer und Veranstalter Rückmeldungen im Sinne eines Qualitätsmanagements wünschen. Mitunter ist es allerdings ratsam, diesen letzten Aspekt getrennt von den oberen drei zu behandeln, um für beide das Optimum zu erreichen.

Rückmeldung an die Trainer und Veranstalter

In diesem Buch stehen die teilnehmerorientierten Ziele im Vordergrund, daher seien zur Auswertung mit dem Ziel des Qualitätsmanagements (bezüglich Unterbringung, Verpflegung, Programm usw.) hier nur einige Methoden kurz erwähnt:

- ein Schreibgespräch auf Postern zu verschiedenen Themen: Die Teilnehmer laufen herum, schreiben etwas auf die jeweiligen Poster und tauschen sich dazu aus.
- Verschiedene Impulssätze werden schriftlich oder mündlich vervollständigt.
- Mittels entsprechender Symbole (Schatzkiste und Mülleimer, Wasserglas halb voll bzw. halb leer etc.) wird gesammelt, was die Teilnehmer mitnehmen bzw. loswerden möchten.
- Anhand einer Skalierung (z. B. Zielscheibe, Prozentangaben, Schulnoten) wird eine Bewertung verschiedener Aspekte oder Lernziele der Veranstaltung vorgenommen.
- Es wird eine Podiumsdiskussion oder eine andere strukturierte Diskussionsform gewählt, durch die verschiedene Perspektiven oder Themen angesprochen werden können.
- Die Veranstaltung wird mit Münzen bewertet: Wieviel war dir dieses und jenes im Seminar wert?
- Auch klassische Evaluationsbögen sind eine Möglichkeit.
- Möglich ist auch eine mündliche Rückmeldung (einzeln, als Kleingruppe oder im Plenum).

Die nachfolgend beschriebenen Aktivitäten zielen nun in erster Linie auf den Erkenntnisgewinn und Lerntransfer der Teilnehmer.

Veranstaltung als Wegstrecke

Der Ablauf der Veranstaltung wird als Wegstrecke mit Symbolen, symbolischen Gegenständen, Bildern oder Fotos auf dem Boden abgebildet. Die Teilnehmer können diesen Weg dann als Gruppe oder individuell noch einmal ablaufen und damit die Veranstaltung innerlich Revue passieren lassen.

Dies kann mit einem Auftrag verbunden werden, wie z. B. darauf zu achten, wo für sie die wertvollsten Lernmomente stattgefunden haben. Diese können auf Moderationskarten, Postkarten oder symbolischen Gegenständen notiert und Erinnerungshilfe mit nach Hause genommen werden.

Selbst wenn diese persönlichen Erkenntnisse nicht mit allen geteilt werden, kann eine Vergemeinschaftung erfolgen, indem jede Person die für sie bedeutungsvollsten Momente oder Highlights der Veranstaltung durch Teelichter o. Ä. kennzeichnet und so ein gemeinsam geschaffenes Lichtermeer entsteht.

Bilder einer Ausstellung

Beschreibung und Ziele: Die Gruppe wählt (Anzahl je nach Veranstaltungsdauer) bedeutsame Situationen aus dem vergangenen Kurs aus, die gemeinsam als Bilder einer Ausstellung dargestellt werden. Auf der Suche nach solchen Kernsituationen müssen die Teilnehmer unaufgefordert die gesamte Veranstaltung gedanklich durchgehen und auswerten. Die Auswahl der Szenen wird in einer Gruppendiskussion ausgehandelt, was noch einmal kooperatives Verhalten erfordert und individuelle Argumente für und wider einzelne Erfahrungen bewusst macht. Auch die Darstellungsform muss ausgehandelt werden, was allerdings durch den kreativen Rahmen meist eine heitere Stimmung erzeugt.

Diese Methode eignet sich besonders für mehrtägige Veranstaltungen.

Anmoderation: Der Arbeitsauftrag wird indirekt erteilt, z. B. indem der Trainer nach der letzten Pause vor dem Abschluss herein kommt und von (fiktiven) Postern berichtet, die er gesehen hat:

> „In diesem Raum findet wohl eine *Ausstellungseröffnung* statt, die *in einer halben Stunde* beginnen soll. Wenn ich die Poster richtig gelesen habe, heißt die Ausstellung „3 durch 6", und es gibt *6 zentrale Szenen* aus den 3 Tagen Kurs/Ferienfreizeit/... zu sehen. Die Künstler haben angeblich *Standbilder oder bewegte Szenen* erstellt und es gibt *eine Person, die durch die Ausstellung führt*. Mehr weiß ich leider nicht. Aber ich freue mich schon sehr darauf und die halbe Stunde bis dahin verbringe ich [Ort, wo die Teilnehmer den Trainer zur Not finden und um Hilfe bitten können]".

Da die Teilnehmer ihre Aufgabe implizit herauslesen sollen, werden die zentralen Aussagen (hier fett gedruckt) besonders betont oder unauffällig wiederholt.

Nach der Anmoderation verlässt der Trainer den Raum und begibt sich an den angekündigten Ort, um im Bedarfsfall erreichbar zu sein.

Während der Besichtigung der Ausstellung: Der Trainer kann sich während der Führung mit dem Museumsführer unterhalten und z. B. Ausdrucksstärke oder künstlerische Detailarbeit der Exponate kommentieren oder nach der Interpretation des Künstlers oder dem Verkaufspreis der Kunstwerke fragen.

Alternativen: Weitere künstlerische Methoden zur Zusammenfassung und Hervorhebung des Wesentlichen:

- Die Highlights des Wochenendes, Kurses etc. können als Tagesschau oder andere Fernsehsendung dargestellt (z. B. als Blitznachrichten oder „Flash News" in 90 Sekunden) werden.
- Es könnte ein Reisebericht geschrieben oder „Reisefotos" bzw. „Video-Ausschnitte" davon gezeigt werden. Dieser Auftrag lässt durch das Thema der Reise noch mehr metaphorische Deutung zu als die Abschlussvernissage.

13.2 Abschiede gestalten

Natürlich gibt es zahllose Methoden für Verabschiedungen: ein Abschiedsspiel, ein Gruppenritual oder Lied, ein Gruppenfoto zur Erinnerung, eine Segens- bzw. Abschlussfeier, die (halb) öffentliche Präsentation der Ergebnisse oder der berühmte Vertrauenslauf, durch den man symbolisch zurück in den Alltag rennt. Die folgenden drei sind weniger bekannt und ermöglichen auf unterschiedliche Weise eine intensive persönliche Verabschiedung der Teilnehmer.

Impulskreis

Die Teilnehmer stellen oder setzen sich gemütlich in einen Kreis und nehmen ihren rechten und linken Nachbarn an der Hand. Schweigend und evtl. mit geschlossenen Augen überlegt jeder, welche guten Wünsche er den anderen mit auf den Weg geben will. Ein Teilnehmer wird als Startpunkt vereinbart, von dem aus per Händedruck ein Impuls langsam im Kreis herum gegeben wird. Jeder, der ihn erhält (d. h. seine Hand gedrückt spürt), lädt den Impuls gedanklich mit seinen guten Wünschen auf, bevor er den Impuls an die nächste Person weiter gibt. Wenn der Impuls wieder beim Startpunkt ankommt, ist er also voll aufgeladen mit allen guten Wünschen. Nun wird er ein zweites Mal im Kreis herum gesandt und jeder darf sich diesmal selbst mit all den Wünschen aufladen, bevor er ihn weiter gibt. Kommt der Impuls nach dieser zweiten Runde wieder beim Startpunkt an, so gibt dieser Teilnehmer durch Kopfnicken o. Ä. das Signal dazu, den geschlossenen Kreis aufzulösen.

Vor allem in Gruppen, die intensive Erfahrungen miteinander teilen, welche nicht unbedingt noch einmal mündlich wiederholt werden müssen, kann dies ein sehr stimmungsvoller – und zeitsparender – Abschied sein.

In einfacher Variante ohne das Aufladen mit Wünschen kann der Impulskreis auch als kurze Übung zum „Energie tanken“ oder Ruhigwerden eingesetzt werden.

Zuckerstückchen

Bei dieser Übung schenken sich die Teilnehmer gegenseitig freundliche Worte zum Abschied als süße „Zuckerstückchen“.

Zur Vorbereitung werden weiße Papierblätter auf die Größe von Post-it Zetteln geschnitten. Es sollten in der Summe mehr als die Quadratzahl der Teilnehmer sein, also z. B. bei zwölf Personen 144 Zettelchen (12 x 12 = 144), sodass auf Wunsch jeder jedem eines schreiben kann.

In der Ankündigung wird erklärt, dass die Teilnehmer die Möglichkeit haben, jemand anderem zum Abschied ein paar nette Worte zu schenken – und ihm damit den Tag zu versüßen. Dabei steht es jedem frei, mitzumachen oder nicht und selbst zu bestimmen, wem man ein Zuckerstückchen schenkt oder nicht. Einzige Bedingung ist, dass nur Freundliches auf den Zetteln steht, also z. B. ein Wort zur Erinnerung an ein gemeinsames schönes Erlebnis, bestärkende Rückmeldungen, ein Kompliment oder guter Wunsch für die Zukunft. Wie die Übung Schutzengel (Kap. 11) wird auch mit dieser Übung gezielt positives Verhalten und Denken angeregt.

Diese Anmoderation sollte mindestens einen halben Tag oder ein bis zwei Pausen vor dem Veranstaltungsende erfolgen, damit die Teilnehmer ausreichend Freizeit haben, um in Ruhe so viele Zuckerstückchen zu schreiben, wie sie möchten.

Die Zuckerstückchen werden am Ende der Veranstaltung übergeben, und zwar von allen gleichzeitig. Empfangene Zettelchen werden nicht sofort gelesen, sondern zunächst ungelesen in die Tasche gesteckt. Frühestens auf der Heimreise dürfen sie gelesen werden. Sie dienen dann gleichzeitig als Anker (Kap. 20), den die Teilnehmer in ihren Alltag mitnehmen.

Drei-Schritte-Kreis

Der sogenannte Drei-Schritte-Kreis symbolisiert die Ablösung von dem miteinander verbundenen Wir der Gruppe hin zum separaten Ich, das als Einzelperson die Veranstaltung verlässt. Erfahrbar wird dies ganz konkret durch den schrittweisen Übergang von einer engen körperlichen Nähe hin zu einem separaten Stehen jedes Einzelnen im Raum.

Zunächst stellen sich alle in einen engen Kreis und legen ihre Arme um die Schultern oder Taille ihrer Nachbarn. Während der gesamten Aktion spricht allein der Trainer, während die Teilnehmer über Blickkontakt kommunizieren.

> „Lass, ohne zu sprechen, noch einmal deinen Blick von einem zum anderen wandern. Genieße noch einmal die gemeinsame Wärme und Nähe, die du hier erfahren hast, und erinnere dich an besondere Momente, Beeindruckendes oder Fröhliches, das ihr als Gruppe gemeinsam erlebt habt. Falls sich dein Blick mit jemandem trifft, kannst du den Kontakt kurz genießen, bevor dein Blick weiter durch die Reihe wandert."

Dann erfolgt von allen der erste Schritt rückwärts nach außen, sodass die Teilnehmer sich loslassen müssen. Ggf. stehen sie noch nah genug zueinander, dass sich Nachbarn berühren könnten.

> „Jetzt schau noch einmal herum, gib jemandem, wenn du möchtest, deinen Dank oder einen guten Wunsch für die Zukunft mit, schenk jemandem zum Abschied noch ein Lächeln oder Zunicken – so wie es für dich stimmig ist."

Dann erfolgt von allen der zweite Schritt rückwärts.

> „Nun lass ein letztes Mal deinen Blick schweifen. Nimm alle wertvollen Erinnerungen der letzten Tage mit, während du dich von dieser Gruppe verabschiedest, die sich hier auflöst. Wenn du für dich so weit bist, dann mache den letzten Schritt heraus aus dieser Gruppe hin zu der Einzelperson, als die du nun von hier fort gehst."

Wenn sich der Kreis vollständig aufgelöst hat, ist die Aktivität und gesamte Veranstaltung beendet. Organisatorische Ansagen und abschließende Worte der Trainer sollten daher unbedingt vor dem Drei-Schritte-Kreis gemacht werden, um die Stimmung und Wirkung danach nicht zu durchbrechen.

Diese Methode hat uns Peter Gündling von einem spirituellen Seminar aus Südamerika überliefert.

TEIL III

Prozessbegleitung im Detail

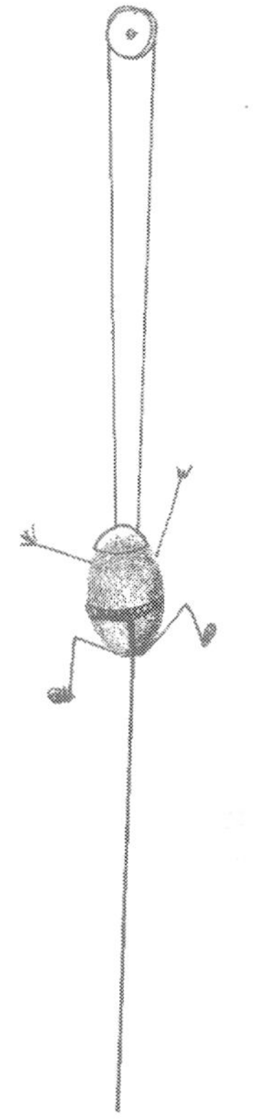

14 Mit einem klaren Auftrag arbeiten

14.1 Bedeutung einer sauberen Auftragsklärung

Die an einer erlebnispädagogischen Maßnahme Beteiligten – d.h. die Teilnehmer, Gruppenleiter, Lehrer, Aufsichtspersonen, deren Institution, die Trainer, Veranstalter usw. – können recht unterschiedliche bis gegensätzliche Ziele verfolgen (Abb. 5). Diese sollten möglichst frühzeitig und transparent miteinander ausgehandelt werden, da ungeklärte Interessenskonflikte sich stark kontraproduktiv auf eine Maßnahme auswirken können.

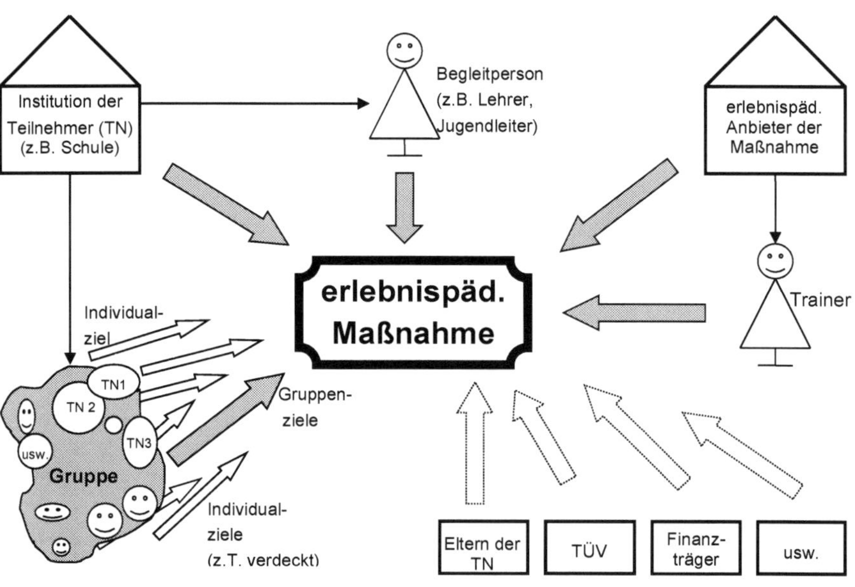

Abb. 5: Interessen und Ziele verschiedener Beteiligter

Vorsicht vor „faulen“ Aufträgen!

Bisweilen werden Erlebnispädagogen mit „utopischen Aufträgen“ konfrontiert. So ist es z.B. eine unrealistische Annahme, dass ein Arbeitsteam, das seit Jahren mit massiven Konflikten belastet ist, in einer halbtägigen Veranstaltung in ein Spitzenteam verwandelt werden kann. Erlebnispädagogen sollten in diesem Fall hellhörig werden und mit freundlicher Bestimmtheit die Erwartungen und möglichen Ergebnisse relativieren.

Eine andere Falle besteht darin, voreilig heikle Rollen wie die eines Konfliktmoderators oder eines Therapeuten zu übernehmen. Zum einen muss kritisch hinterfragt werden, ob die Bearbeitung eines Konflikts oder persönlichen Themas noch in den erlebnispädagogischen Kompetenzbereich fällt, oder ob professionelle Abgrenzung nötig ist und an andere Experten weitergeleitet werden sollte. Zum anderen besteht die Gefahr, dass die Beziehung zwischen Trainer und Teilnehmer leidet, wenn von Teilnehmerseite aus nicht die Erlaubnis gegeben wird, ein Thema anzusprechen – selbst wenn es offensichtlich und dringend erscheint, dieses anzusprechen. Dies hängt mit der Frage zusammen, ob die Teilnehmer in der Lage sind, ein Thema oder einen Konflikt anzugehen, oder ob dies für sie eine emotionale, soziale oder kognitive Überforderung darstellt (Kap. 4). Wenn die Teilnehmer dem Trainer gegenüber Ablehnung oder Unbehagen verspüren, und deren Vertrauensbasis gestört ist, ist dies ein erheblicher Störfaktor für die gemeinsame Arbeit (Kap. 4.3).

14.2 Der geeignete Zeitpunkt

Die Auftragsklärung hat nicht nur einmal zu erfolgen, sondern muss mit verschiedenen Adressaten zu unterschiedlichen Zeitpunkten ausgehandelt werden.

Im Vorfeld mit dem Auftraggeber

Vor der Veranstaltung finden zumeist Gespräche mit dem Auftraggeber statt, in denen u. a. nach den Zielen und etwaigen besonderen Themen gefragt wird. Zu diesem Zeitpunkt erhält der Erlebnispädagoge zum ersten Mal einen Auftrag zur Bearbeitung von Konflikten und anderen heiklen Themen.

Zu Beginn der Veranstaltung mit den Teilnehmern

Zusätzlich ist zu Beginn der Veranstalter mit den anwesenden Teilnehmern eine weitere Zielabfrage durchzuführen, da hier durchaus erhebliche Diskrepanzen auftreten können. Werden diese nicht ausgeräumt und nur die Vorgaben des Auftraggebers verfolgt, führt dies oftmals zu Widerständen bei den Teilnehmern, sich auf das Programm und den Trainer einzulassen. Dies gilt ganz besonders für unangenehme Themen wie Konflikte. Zumindest bei Erwachsenen ist der ausdrückliche Auftrag der Anwesenden dringend empfohlen. Praktische Methoden finden sich im Kapitel 7.2.

Auftragserneuerung nach Bedarf

Wann immer man im Laufe einer Veranstaltung den Eindruck bekommt, die verabredeten Ziele passen nicht mehr mit den momentan relevanten Themen zusammen, sollte eine erneute Auftragsklärung erwogen werden. Denn erst wenn diese aktuellen Themen aus dem Weg geräumt sind, können sich die Teilnehmer wieder auf die ursprünglichen Aktivitäten und Ziele konzentrieren.

15 Anmoderation und Begleitung von Aktivitäten

15.1 Anmoderation von Kooperationsaufgaben

Dieses Kapitel bezieht sich zwar in erster Linie auf konstruierte Lernszenarien (hauptsächlich Kooperations- und Vertrauensaufgaben), die Anregungen sind jedoch mitunter auch auf Natursportaktivitäten und andere erlebnispädagogische Lernangebote übertragbar.

Der Inhalt und die Art der Anmoderation wirkt sich unmittelbar darauf aus, ob und wie die Teilnehmer ein Angebot annehmen. Es hilft, für die Anmoderation einer Übung im Voraus eine klare Struktur zu entwickeln, um nichts zu vergessen und den Auftrag, die Regeln etc. nicht unklar darzustellen, denn das könnte später zu Missverständnissen und Unmut führen. Hier eine kleine Checkliste für die Anmoderation:

- Ausgangssituation darstellen, z. B. in Form einer Rahmengeschichte
- Ziele und Auftrag klar benennen: Was ist das Ziel? Wann ist es erreicht? Und wie kann es erreicht werden?
- Zur Verfügung stehendes oder erlaubtes Material nennen und ggf. zeigen
- Zeitvorgaben und andere Rahmenbedingungen festlegen (z. B. maximaler Bereich, in dem sich die Teilnehmer bewegen dürfen)
- Regeln und Konsequenzen bei Regelverstößen erklären (Kap. 15.3)
- Sicherheitsregeln erklären und ggf. prüfen, ob der Auftrag, die Regeln und die Sicherheitshinweise verstanden worden sind
- für Rückfragen zur Verfügung stehen

Vor allem bei komplexen Aufgaben ist eine zusätzliche visuelle Darstellung dieser Inhalte durch Gesten, Zeichnungen, Flipcharts o. Ä. sehr zu empfehlen. So kann das Verständnis unterstützt und Missverständnissen und Nachfragen vorgebeugt werden (Abb. 6).

Bei der Planung und Auswahl von Übungen sollte die Auswertung und mögliche Methoden, mit denen diese realisiert werden kann, mitbedacht werden. Bei prozessorientiertem Arbeiten muss immer davon ausgegangen werden, dass sich das Gruppengeschehen anders entwickelt als erwartet, sodass man zusätzlich Alternativen parat haben sollte. Wer allerdings noch nicht einmal einen Plan A für die Auswertung einer Übung hat, ist mit der Suche nach einem Plan B erst recht überfordert (Kap. 19).

Abb. 6: Selbst einfachste Visualisierungen unterstützen das Verständnis und beugen Missverständnissen und Rückfragen vor. Hier z. B. für den *Bierdeckeltransport* (Kap. 9).

15.2 Verhalten der Trainer

Der Trainer hat durch sein Verhalten, seine Moderation und sein generelles Auftreten entscheidenden Einfluss auf den Erfolg bzw. Misserfolg einer Übung und Veranstaltung. Es gibt Verhaltensweisen und verbale Äußerungen, die den Teilnehmern bei der Erreichung ihrer gesteckten Ziele hilfreich sind, und andere, die von ihren Themen, Zielen und Entwicklungsschritten eher ablenken.

Grundsätzlich gibt es leider keine Regel, welches Verhalten und welche Intervention wann am besten wirkt, da die Situationen, die Personen und die Teams zu vielseitig sind. Außerdem stehen in den einzelnen Gruppenphasen unterschiedliche Bedürfnisse im Vordergrund, welche wiederum gewisse Verhaltensweisen und ein unterschiedliches Maß an Präsenz von den Trainern fordern (Kap. 3.1). Die Wirklichkeit ist eben zu komplex für eindimensionale Ratschläge.

Der „unsichtbare" Trainer

Grundsätzlich gilt für erlebnispädagogische Aktivitäten: Nicht der Trainer sollte im Mittelpunkt der Veranstaltung bzw. Übung stehen, sondern die Prozesse und Erlebnisse der Teilnehmer! Um deren Aufmerksamkeit nicht unnötig auf sich zu lenken, kann der Trainer möglichst aus dem Sichtfeld und Bewusstsein der Gruppe verschwinden und sich lediglich zur Überwachung der Spiel- und Sicherheitsregeln sowie in Notfällen einschalten. „Unsichtbarer" Trainer wird man mit ein paar einfachen Tricks:

Abstand zur Gruppe: Idealerweise hält sich der Trainer genau so weit von der Gruppe entfernt auf, dass er die Gespräche und Handlungen gerade noch gut hören und sehen kann. Damit wird er nicht als unmittelbarer Teil der Gruppe wahrgenommen, kann aber gut beobachten und zentrale Punkte bei der anschließenden Auswertung aufgreifen.

Außerhalb des Blickfeldes: Um möglichst weit aus dem unmittelbaren Blickfeld der Teilnehmer zu verschwinden, kann sich der Trainer im Rücken der Gruppe positionieren, bspw. während diese auf ein Hindernis blickt, das es zu überwinden gilt.

Nicht bewegen: Objekte ziehen durch Bewegung Aufmerksamkeit auf sich, während unbewegte deutlich weniger auffallen. Tiere nutzen dies täglich zur Tarnung. Wenn man als Trainer möglichst still sitzt, steht oder hockt, erzielt dies eine ähnliche Wirkung. Jede Bewegung, z. B. mit Kollegen zu tuscheln oder Material für die nachfolgende Einheit herzurichten, erregt die Aufmerksamkeit der Teilnehmer. Das hat zur Folge, dass ihre Konzentration auf die Übung schwindet und das Gruppengefüge lockerer. Um allerdings optimal auf Sicherheitsaspekte und das Gruppengeschehen achten zu können, ist ein gewisses Maß an Bewegung und Positionswechsel jedoch meist erforderlich.

Leise sein: Aus demselben Grund ist es ratsam, sich Scherze, Tipps und jegliche Kommentare zu verkneifen.

Achtung: Trotz aller Unsichtbarkeit ist es Teil der rechtlichen und pädagogischen Verantwortung der Trainer, permanent aufmerksam und präsent zu sein. Die Teilnehmer müssen sich jederzeit vergewissern können, dass die Trainer für sie ansprechbar sind und im Bedarfsfall eingreifen. Um sich davon zu überzeugen, sollte sich ein Teilnehmer allerdings – idealerweise – aktiv umdrehen und hinsehen müssen.

Der sichtbare Trainer

Wann ist eine Aktion eigentlich zu Ende? Wann tritt der Trainer aus seiner „Unsichtbarkeit" wieder heraus? Auch dies ist natürlich von Fall zu Fall zu entscheiden. Einige solcher Situationen können sein:

- Die Übung ist zu Ende, d. h. die Gruppe hat die Herausforderung den Regeln entsprechend gelöst. Der Trainer ergreift nun das Wort, um z. B. mit Impulsfragen eine Überleitung oder Auswertung zu schaffen.
- Es besteht eine ernst zu nehmende Gefahr, z. B. jemand klettert auf eine selbstgebaute Konstruktion, die nicht ausreichend stabil erscheint, sodass er herunterstürzen und sich verletzen könnte. Der Trainer kann hier mit einem einfachen Sicherheitshinweis oder einer kurzen Unterbrechung der Übung, mit einer Zwischenauswertung oder baulichen Veränderungen reagieren.
- Ein Konflikt eskaliert. Konflikte und Krisen können durchaus wertvoll sein. Wenn der Trainer allerdings den Eindruck hat, dass die Gruppe ohne Hilfe keinen konstruktiven Ausweg findet oder verbale und körperliche Aggressionen ein gewisses Maß überschreiten, so ist ein Eingreifen des Trainers gefordert. Weitere Schritte können eine Blitzlichtrunde, eine Verschnaufpause, Konfliktmoderation o. Ä. sein.
- Die Übung ist zwar nicht im eigentlichen Sinne bewältigt, die Gruppe gibt aber zu erkennen, dass sie mit dem erreichten (Zwischen-)Ergebnis zufrieden ist (z. B. der Anzahl an transportierten Objekten).
- Die Teilnehmer boykottieren die Übung von vorneherein oder brechen sie ab. Die Frage, die sich in beiden Fällen stellt, ist, welche Motivation und Bedürfnisse hinter diesem Verhalten stecken. Dies könnte u. a. eine Über- oder Unterforderung sein (Kap. 17), ein Boykott gegen die Übung oder die Trainer, die sachliche Überzeugung, dass das erreichte Ergebnis zufrieden stellend ist oder andere Störfaktoren wie Müdigkeit nach einer durchfeierten Nacht. Dies gilt es durch Fragen und Beobachtungen sensibel heraus zu finden und dann in jeweils angemessener Weise zu handeln.
- Die vorgegebene Zeit ist abgelaufen. Wenn dies zu einem gefühlten Scheitern führt, kann auch dies konstruktiv genutzt werden (Kap. 15.4).
- Rahmenbedingungen drängen auf eine Ende der Aktivität (Der Bus muss erreicht werden. Es beginnt ein Gewitter. Der Veranstaltungsort hat strikte Essenszeiten etc.). Für den Lernprozess sind solche externen Faktoren recht hinderlich. Eventuell können ein paar Minuten extra ausgehandelt werden oder eine Fortsetzung bzw. Auswertung der Übung nach der Unterbrechung erfolgen.

15.3 Umgang mit Regelverstößen

Bei der Planung und Anmoderation ist zu bedenken, welche Konsequenz erfolgen soll, wenn die Gruppe eine Regel übertritt. Diese Überlegung ist insofern von Bedeutung, da mit versehentlichen Regelverletzungen im Rahmen einer Kooperationsaufgabe immer zu rechnen ist. Eine vorher nicht angekündigte Konsequenz kann bei den Teilnehmern Unmut erzeugen, die sich zum einen gegen den Trainer als subjektiv willkürlich Strafenden richten kann. Zum anderen lenkt eine solche Störung vom gruppendynamischen und lösungsorientierten Prozess ab.

Anregungen für Konsequenzen bei Regelverstößen

Zu jeder Regel gehört auch eine klare Überlegung, welche Konsequenzen bei Regelverstößen folgen. Welche Konsequenz im Einzelfall angemessen ist, hängt von der Übung, der Rahmengeschichte und verschiedenen Parametern der Gruppe ab (z. B. Alter und Reifegrad, körperliche Fitness, Motivation).

Enthält eine Veranstaltung eine ganze Kette von Kooperationsaufgaben, so ist es empfehlenswert, sich verschiedener Varianten zu bedienen, um mehr Abwechslung und Dynamik ins Geschehen zu bringen. Hier einige Anregungen:

- Die Gruppe bestimmt in der Beratungsphase selbst, welche Konsequenz erfolgen soll und/oder wann eine Regel als gebrochen gilt.
- Bei jedem Fehler wird ein Teilnehmer durch eine Augenbinde blind oder erhält ein anderes Handicap. Die Gruppe darf aber selbst bestimmen, wer das Handicap übernimmt. Somit werden z. B. motorisch weniger geschickte Personen nicht zusätzlich bloßgestellt bzw. die Aufgabe für sie nicht weiter erschwert.
- Die Gruppe verliert pro Fehler ein Hilfsmittel.
- Wenn die Gruppe beschließt, dass sie weitere Hilfsmittel möchte, kann sie diese gegen etwas eintauschen. Was genau die Gegenleistung ist, muss von der Gruppe vorgeschlagen und vom Trainer akzeptiert werden (Zeitlimit, Handicap, etwas völlig anderes – die Gruppe darf sich gerne kreativ zeigen).
- Pro Fehler muss ein Objekt zusätzlich mit transportiert werden (z. B. Tennisbälle, Wasserbomben, Plüschtiere).
- Lustige bis alberne Konsequenzen: Für jeden Fehler gibt es einen bunten Punkt auf die Nase, einen albernen Hut auf o. Ä. So etwas eignet sich vor allem dazu, um in der Auswertung einen Blick auf die Anzahl der Regelverstöße werfen zu können.

- Die Zeit wird jedes Mal um zehn Sekunden gekürzt.
  Die Gruppe oder ein Teilnehmer, den die Gruppe bestimmen darf, muss ein Stück der Strecke zurück und es nochmal bewältigen.
- Orientierungslosigkeit: Bei Übungen, bei denen alle blind sind, werden ein oder mehrere Teilnehmer im Kreis gedreht und dadurch in ihrer Orientierung gestört.
- Die Übung beginnt von vorne, die Zeit läuft aber weiter.
  Der gesamten Gruppe sind X Fehler erlaubt, bevor eine Konsequenz einsetzt.
- Und schließlich: Bei einem Fehler fängt die Gruppe bzw. die Aufgabe von vorne an.

Was, wenn jemand absichtlich Regeln bricht?

...und das vielleicht sogar wiederholt? In der Tradition des systemischen Ansatzes (z. B. Schlippe/Schweitzer 2016) und des sozialen Konstruktivismus (zurückgehend auf Piaget 1968; Vygotsky 1978) gehen wir davon aus, dass jedes Verhalten – bewusst oder unbewusst – ein wertzuschätzendes Ziel verfolgt. Dementsprechend stellt sich hier die Frage, welche Ziele und Bedürfnisse hinter diesem Störverhalten stehen? Dies können ganz unterschiedliche sein (Über-, Unterforderung, der Wunsch nach Aufmerksamkeit und Zuwendung, Aggressionsabbau usw.) und jede verlangt eine andere Reaktion der Trainer, um dieses scheinbar destruktive Verhalten positiv für den Lernprozess zu nutzen.

15.4 Durch Scheitern gewinnen

Eine Aufgabe nicht zu meistern und zu scheitern, führt im ersten Moment für die Teilnehmer – und oft auch Trainer – zu unangenehmen Gefühlen wie Frustration, Ärger, Lustlosigkeit und Schuldzuweisung. Die Herausforderung an die Trainer besteht darin, diese negativen Gefühle dennoch für einen konstruktiven Lernerfolg zu nutzen.

Die dreischrittige Auswertungsstruktur – (1) Rückblick auf das Geschehene (*What?*), (2) gewonnene Erkenntnisse aus dieser Erfahrung (*So what?*) und (3) Beschlüsse und Veränderungswünsche für die Zukunft (*Now what?*) – erlaubt der Gruppe auf sachliche Weise wertvolle Schlussfolgerungen auch aus wenig erfreulichen Erfahrungen zu ziehen. Wenn wir auswerten, was (1) schief gelaufen ist oder unerfreulich war, kann (2) daraus abgeleitet werden, was sich die Teilnehmer in Bezug auf Struktur, Prozesse und Ergebnis für die Zukunft wünschen, und (3) was konkret verändert, getan oder unterlassen werden muss, um diese wünschenswerte Alternative zu erreichen.

Auf diese Weise können auch Übungen, die zunächst scheinbar nur Frust und Ärger erzeugen, sehr wertvoll und in der Tat oft besonders nachhaltig sein, indem sie über diesen Umweg der negativen Emotionen ein anderes Ziel (nämlich das eigentlich erwünschte Lernziel) erreichen.

In manchen Phasen im Laufe einer Veranstaltung (Kap. 3.2) kann ein Scheitern mehr Entwicklungspotenzial aktivieren als in einer anderen. So kann in der *Storming-Phase* eine sehr anspruchsvolle Übung Konflikte und Schwachstellen der Gruppe schneller und deutlicher zu Tage bringen. Wenn diese konstruktiv aufgegriffen und bearbeitet werden, kann dies die Entwicklung der Gruppe beschleunigen.

Sollte eine Gruppe das Gefühl haben, gleich an der ersten Aufgabe zu scheitern, so ist ein möglicher Umgang damit, der Gruppe zu erklären, dass diese Übung in der Tat sehr schwierig ist und sie am Ende der Veranstaltung zum Vergleich noch einmal wiederholt wird.

Wer aus welchen Gründen auch immer ein Scheitern der Gruppe komplett ausschließen möchte, der kann bewusst eine etwas zu leichte Aufgabe stellen, sodass ein Erfolgserlebnis garantiert ist. Darauf aufbauend kann die Anforderung – gerne auch in Regie der Gruppe – gesteigert werden, um eine optimale Herausforderung zu schaffen.

Insgesamt kann Scheitern als Erfahrung also sehr wertvoll sein. Es erfordert von den Trainern jedoch einiges an Kompetenzen, um die negativen Reaktionen der Teilnehmer auszuhalten und diese als Motor für Veränderung zu nutzen.

16 Aktivitäten selbst entwickeln

Mit etwas Erfahrung und der nachfolgenden Anleitung lassen sich auf einfache Weise für eine spezielle Zielgruppe, spezielle Lernziele oder spezielle Rahmenbedingungen komplett neue Übungen entwickeln.

16.1 Am Anfang steht das (Lern-)Ziel!

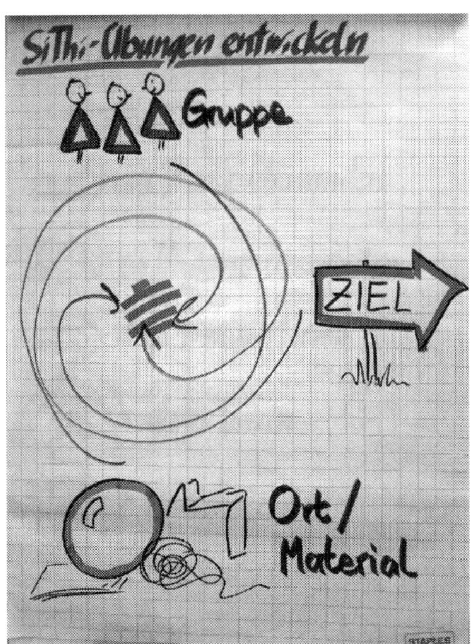

Abb. 7: Zielgruppe, Lernziele und das zur Verfügung stehende Material und Ort sind Ausgangspunkt für die Entwicklung neuer Übungen.

Normalerweise wählen wir anhand (1) verschiedener Parameter der Zielgruppe (Altersstruktur, gesundheitliche Einschränkungen u. a.) und (2) der Lernziele (3) unter Berücksichtigung der Rahmenbedingungen (zur Verfügung stehende/r Ort, Zeit und Material) eine geeignete erlebnisorientierte Aktivität aus (Abb. 7).

Im Idealfall werden auch neue Übungen auf diese Weise entwickelt. Die folgende Anleitung funktioniert allerdings auch, wenn man von den vorhandenen Räumlichkeiten, dem zur Verfügung stehenden Material oder anderen Rahmenbedingungen ausgeht. Die anderen beiden Faktoren, Zielgruppe und Lernziele, werden dann im Entstehungsprozess schrittweise einbezogen.

Prinzipiell lassen sich mithilfe der hier vorgestellten Empfehlungen und Tipps Übungen zu jeder beliebigen Zielstellung entwickeln, z. B. zur Wahrnehmungsförderung, zum Entwickeln von Vertrauen, von Kooperation oder Grenzerfahrungen. Im Folgenden liegt der Schwerpunkt auf Kooperations- und Problemlöseaufgaben.

16.2 Vom Spiel zur Kooperationsaufgabe

Der vermutlich einfachste Weg zur Erstellung einer neuen Übung führt sicherlich über die Wiederentdeckung des (kindlichen) Spiels bzw. aus Trainersicht über die Erfindung von Spielen. Am leichtesten ist es dabei, ein Spiel, das einem bereits vertraut ist, zu einer erlebnispädagogischen Übung abzuwandeln.

Prinzipiell lässt sich jedes auch noch so kompetitive Spiel durch geringe Veränderungen in eine kooperative Aufgabe umwandeln. Oft reicht es bereits aus, das Ziel des Spieles, das meistens darin besteht, die Mitspieler zu besiegen, neu zu definieren. Solche kooperativen Ziele können sein:

- Es sollen gemeinsam so viele Punkte wie möglich erreicht werden.
- Zum Schluss müssen alle Spieler exakt gleich viele Steine im Ziel haben.
- Alle Teilnehmer müssen gleichzeitig das Ziel erreichen.
- Die Teilnehmer spielen in Teams statt einzeln. Dadurch fördert das Spiel die Kooperation (innerhalb der Teams)und den Wettkampf (zwischen den Teams).
- Es werden Hindernisse oder Regeln eingeführt, die Kommunikation und Kooperation „erzwingen“ (z. B. die erforderlichen Ressourcen sind aufgeteilt oder es gibt Sichtbarrieren zwischen Teammitgliedern).

Wer noch wenig Erfahrung mit Kooperationsaufgaben hat, sollte zuerst diese Verfahren ausprobieren, bevor er neue Übungen entwirft.

16.3 Anleitung zum Entwickeln neuer Übungen

Neue Übungen oder Lernprojekte zu entwickeln, ist letztlich ganz einfach und kann nach folgenden Schritten erfolgen:

1. Was ist der Ausgangspunkt?: Dies wird eine bestimmte Zielgruppe, ein spezielles Lernziel (z. B. in Verbindung mit einem Unterrichtsthema), oder ein spezieller Ort (eine lange Treppe, das Einfahrtstor oder das Kellergewölbe einer Einrichtung usw.) oder ein bestimmtes Material sein, das einem zur Verfügung steht und das man gerne erlebnisorientiert nutzen möchte.

2. Was ist das Lernziel?: Wenn es nicht schon der Ausgangspunkt war, sollte zumindest eine grobe Zielrichtung gleich festgelegt werden, da dies die weiteren Schritte beeinflusst und zudem verhindert, dass man sich in blindem Aktionismus verliert.

3. Welche Rahmenfaktoren gibt es?: Gibt es Vorgaben in Bezug auf die zur Verfügung stehende Zeit (Tageszeit, Gesamtdauer), Räumlichkeiten oder Gruppengröße? Wenn solche Faktoren von Anfang an im Blick behalten werden, sorgt man dafür, dass die Übung auch praktikabel ist.

4. Passt eine der Grundformen?: Nachfolgend werden Grundformen von Kooperationsaufgaben vorgestellt, die jeweils unterschiedliche Aspekte aufweisen und sich damit für manche Lernziele mehr als für andere eignen. Sich für eine dieser Grundformen zu entscheiden, grenzt die unendliche Vielfalt an Möglichkeiten ein, was den Entwicklungsprozess deutlich vereinfacht und beschleunigt.

5. Was ist das Ziel der Aufgabe bzw. wann ist sie zu Ende?: Bei der Formulierung der Aufgabenstellung sollte klar definiert werden, was für die Teilnehmer als Ziel kommuniziert wird (alle sollen auf der anderen Seite dieses X stehen, das Objekt wird auf diesem X abgelegt o. Ä.).
Ebenso muss überlegt werden, wann die Aufgabe als beendet gilt, was nicht nur der Fall sein muss, wenn sie vollständig gelöst bzw. bearbeitet wurde (z. B. mehr als die Hälfte der Teilnehmer ist mit dem erzielten Ergebnis zufrieden, nach X Versuchen oder Regelverstößen, nach X Minuten).

6. Welche Handicaps fördern das Lernziel?: Wie die Grundformen begünstigen auch manche Handicaps spezielle Lernziele, weil sie bestimmte Kompetenzen oder Strategien erforderlich machen, um die Einschränkungen auszugleichen. Augenbinden führen z. B. dazu, dass man mehr auf andere angewiesen ist, was Vertrauen bei den Blinden und Verantwortung bei den Sehenden fördert.

7. Welche Hilfsmittel sind erlaubt?: Hier darf kreativ, skurril oder pragmatisch gedacht werden. In Kapitel 9 sind verschiedene Beispiele aufgeführt, die zwischen festen Materialvorgaben auf der einen und völliger Freiheit und Selbstorganisation der Teilnehmer auf der anderen Seite variieren. Logischerweise sollte die Auswahl der Hilfsmittel so sein, dass sie entweder bereits verfügbar oder bis zur Anwendung der Aktivität zu beschaffen sind.

8. Welche Regeln gelten?: Zu den Regeln gehören sowohl die Ansage zu den erlaubten Hilfsmitteln als auch die Kriterien, die erfüllt sein müssen, damit die Aufgabe als erfolgreich bewältigt gilt. Grundsätzlich werden für die Formulierung der Regeln Einfachheit und Minimalismus empfohlen, um (1) die Übung so einfach und verständlich wie möglich zu halten und (2) möglichst viele kreative Lösungswege zu erlauben.

Für jede Regel sollte zudem eine Konsequenz mit angedacht werden, für den Fall, dass sie verletzt wird. Kapitel 15.3 bietet hierfür kreative Anregungen.

9. Welche Sicherheitshinweise sind nötig?: Das einfache Sicherheitskonzept in Kapitel 16.5 kann helfen, um relevante Gefahrenstellen wahrzunehmen und anzusprechen. Im Zweifelsfall kann ein Sicherheitsbeauftragter von der Gruppe gefordert werden, sodass die Gruppe ein Stück weit mit in die Verantwortung einbezogen wird.

10. Soll es eine Rahmengeschichte geben?: Dies kann verschiedene Vorzüge mit sich bringen. Kapitel 18.1 enthält eine Anleitung dazu, wie für konkrete Übungen Rahmengeschichten entwickelt werden können.

11. Wie könnte diese Übung ausgewertet werden?: Obwohl sich die Übung in der Durchführung anders als erwartet entwickeln kann, ist es nützlich, vorab ein paar inhaltliche und methodische Ideen für eine mögliche Auswertung zu sammeln (Kap. 19.1).

12. Material und Raum herrichten und die Anmoderation vorbereiten: An dieser Stelle sind alle Planungsfragen beantwortet. Nun müssen die Anmoderation und Durchführung der Übung vorbereitet werden. Für die Anmoderation einer neuen Übung empfiehlt sich ein Spickzettel für den Trainer sowie eine Visualisierung für die Teilnehmer, damit alle wesentlichen Punkte klar und stringent vermittelt werden (Kap. 16.3).

Grundformen von Kooperationsaufgaben

Es gibt einige typische Grundformen von Kooperations- oder Problemlöseaufgaben, die je nach gegebenen Räumlichkeiten ausgewählt und modifiziert werden können (Tab. 2; CEP 2017b).

Jede dieser Grundformen stellt spezielle Anforderungen an die Gruppe, sodass unterschiedliche Teilkompetenzen und Lernziele in den Vordergrund rücken, z. B.:

Strecke: Durchhaltevermögen, Orientierung, Planung und Handlungsstrategien

Hindernis: Überwinden von Problemen und Hemmnissen, Selbstüberwindung, Hilfe leisten und Hilfe annehmen

Bau: Informationen oder Teilschritte zu einem großen Ganzen zusammenfügen, gemeinsam etwas (z. B. eine Zukunft) schaffen, einen Beitrag für die Gemeinschaft leisten, aus Einzelpersonen zu einem Team werden;

Tab. 2: Grundformen von Übungen und typische Parameter dieser Kategorien

Grundform	typische Parameter
Strecke eine Strecke überwinden	– ohne/mit begrenzten Bodenkontakten – bei konstantem Kontakt zum Boden/den Hilfsmitteln – bei konstantem Körperkontakt aller Teilnehmer – mit Handicaps (blind, zusammen gebundene Beine etc.) – einzelne Teilnehmer müssen die Strecke überwinden, andere lotsen – ggf. in Kombination mit Objekttransport (s.u.)
Hindernis ein Hindernis überwinden	– zu hoch, zu groß, um einfach darüber zu steigen – ohne Berührung des Hindernisses – bei konstantem Körperkontakt aller Teilnehmer – mit Handicaps – ggf. in Kombination mit Objekttransport (s.u.)
Bau etwas bauen	– mit begrenzten Hilfsmitteln – ohne Materialvorgabe – das „Thema" der Gruppe wird dargestellt/gebaut – Kleingruppen bekommen nur Teile der Aufgabenstellung oder des Materials, die Gruppe als Ganzes muss aber das Ergebnis erzeugen – Gruppe soll zusätzlich dem Produkt einen Titel geben, einen Werbespot dafür entwickeln etc. (Rahmengeschichte)
Transport ein Objekt muss transportiert werden	– Das Objekt selbst darf nicht berührt werden. – Fläche um Objekt herum darf nicht berührt oder betreten werden. – Alle Teilnehmer müssen beteiligt sein.
Koordination & Organisation Einzelteile/-schritte, die zur Lösung führen, koordinieren, ein Projekt verwirklichen	– verschiedene Teilaufgaben erfordern die Arbeit in Unterteams, Koordination – mitunter über mehrere Stunden bis Tage – ggf. parallel zur weiteren Veranstaltung. Dies fordert hohe Eigenverantwortung und Selbstkoordination von der Gruppe

Transport: Verantwortung, Vertrauen, sich geborgen und getragen fühlen, Wertschätzung, Achtsamkeit

Koordination und Organisation: Informationen verarbeiten und kommunizieren, Absprachen, Arbeitsabläufe koordinieren, Zeit und andere Ressourcen managen, Stärken und Rollen im Team nutzen

Auch für Anmoderation und Auswertung ist die Kategorie von Bedeutung, da sich die einzelnen Grundformen für verschiedene Metaphern und damit auch Rahmengeschichten anbieten.

Darüber hinaus gibt es Problemlöseaufgaben, die nur durch Kommunikation – praktisch am Tisch sitzend – gelöst werden können. Diese sind hier allerdings nicht mit einbezogen, da sich darüber streiten lässt, ob sie ohne jegliche Handlungsanteile als *erlebnispädagogisch* bezeichnet werden können.

Die Einteilung in diese Grundformen erfolgt in erster Linie mit der Absicht, Übungen systematisch auszuwählen oder zu entwickeln. Für die Teilnehmer ist die Form einer Übung jedoch nicht von Bedeutung, sodass ihnen diese auch nicht mitgeteilt werden muss.

Metaphern und Auswertungsideen für die Grundformen

Die deutsche Sprache ist reich an Mehrdeutigkeiten. Dies können wir uns bei der Arbeit mit Problemlöseaufgaben zu Nutze machen und Kernthemen gezielt abbilden. Jede Grundform hat ihre eigenen metaphorischen Bedeutungen (Tab. 3).

Handicaps

Damit eine Aufgabe überhaupt erst zu einer Herausforderung wird, werden naheliegende Lösungswege (z. B. etwas mit der Hand hochheben, zu einer Stelle laufen, miteinander sprechen) in der Aufgabenstellung verboten. Solche gezielten Erschwernisse werden oft als *Handicaps* (engl. Beeinträchtigung, Behinderung) bezeichnet. Diese Einschränkungen lassen sich in die nachfolgend aufgeführten Bereiche unterteilen. Die jeweils dazu aufgelisteten Ideen sind Beispiele zur Verdeutlichung. An diesen wird auch deutlich, dass es Überlappungen zwischen den Bereichen gibt.

Wahrnehmung:

- Einige oder alle Teilnehmer „erblinden“ mittels Augenbinden.
- Objekte werden in Beutel verpackt, damit sie nicht gesehen werden können, sondern ertastet oder am Geruch erkannt werden müssen.

Kommunikation:

- Das einfachste Mittel ist, das Sprechen zu untersagen. Ein Sprechverbot kann unmittelbar nach der Aufgabenstellung beginnen oder nach einer gewissen Beratungszeit.
- In Paaren ist jeweils einer oder sind beide blind, die Kommunikation darf nur über die Hände oder andere Formen des Körperkontakts erfolgen.
- Über eine gewisse Entfernung hinweg sollen sich Teilgruppen mit Hilfe

Tab. 3: Grundformen und metaphorische Ideen für die Auswertung

Grundform	Beispiele für metaphorische Bedeutung
Strecke	– ein Schuljahr durchlaufen – eine Legislaturperiode bestreiten – Sumpf: stecken bleiben, nicht raus kommen – Lebensstationen, Haltestellen, verweilen: Orte, Momente, Situationen – etwas am Laufen halten
Hindernis	– eine Prüfung oder Krise meistern – trotz widriger Umstände Ziele erreichen – Welche Hindernisse liegen mir oder uns im Weg? Wie können sie überwunden werden? – Umgang mit Problemen, Blockaden, Hindernissen – Umwege, Richtungswechsel als Chance sehen
Bau	– eine gemeinsame Identität entwickeln (corporate identity) – Wer unterstützt mich? – Was sind die Einzelteile, das Baumaterial? Was davon hat welche Funktion? – Haus/Gebäude: Für wen ist es gemacht oder geeignet? Welche Räume gibt es? Wo soll Licht sein? Was bildet das Fundament, die Außenmauern, das Dach? Was macht das Gebäude warm und wohnlich? Wo ist mein Platz darin? – Turm: Was soll (in die Höhe) wachsen? Was ist mein Fundament? Was bietet mir Stabilität? Was will ich von dort oben sehen?
Transport	– den Teamgeist im Alltagsstress schützen/stärken – Verantwortung tragen – getragen und geborgen sein in der Gruppe – Ein Geheimnis, eine Vergangenheit in sich tragen – Was ist wertvoll und erfordert einen vorsichtigen Umgang? – Welche Lasten schleppe ich mit mir herum? Was kann ich davon ablegen? Was stecken andere mir in den Rucksack?
Organisation & Koordination	– einen mehrschrittigen Arbeitsplan erfüllen – ein Projekt auf die Beine stellen – Alles zu seiner Zeit – Jeder/Alles hat seinen Platz. – Jeder trägt seinen Teil dazu bei. – Das Ganze ist mehr als die Summe der Einzelteile.

des Morse- oder Flaggenalphabets Botschaften (z. B. Koordinaten für einen Treffpunkt oder Schatz) übermitteln.

Bewegung und Fortbewegung:

- Die Teilnehmer müssen in ständigem Körperkontakt zueinander oder zu ihren Hilfsmitteln stehen.
- Mittels Bandschlingen o. Ä. werden Beine oder Hände verschiedener Teilnehmer zusammengebunden.
- Die Teilnehmer sind von einer mysteriösen Krankheit befallen und müssen alle fünf Minuten ein „zwanghaftes Verhalten“ zeigen (irgendetwas für die Übung Hinderliches tun, z. B. alle Gegenstände fallen lassen).
- Um nicht vom Gegner gesehen zu werden, müssen alle rückwärts laufen.

Hilfsmittel und Lasten:

- Kleingruppen erhalten zwar die gleiche Aufgabe, aber unterschiedlich viele oder gute Ressourcen.
- Ein – gerne lästiges oder lustiges – Objekt muss mitgetragen werden, das zwischen den Teilnehmern hin und her gereicht oder von einem oder mehreren Teilnehmern getragen werden muss (z. B. Ball zwischen den Knien oder unter einem Arm).
- Jemand, dem in der Rahmengeschichte z. B. die Rolle eines Verletzten oder Heiligen zugewiesen wird, muss Huckepack genommen werden.
- Nur Teilnehmer mit besonderen Rollen oder Funktionen dürfen gewisses Material berühren.

Information:

- Durch die reale Situation oder ein bewusst lückenhaftes Szenario wird Orientierungslosigkeit erzeugt.
- Einzelne oder alle Teilnehmer bekommen geheime Handlungsanweisungen und dürfen bestimmte Dinge nicht tun oder sagen.

Störfaktoren:

- Ein Zeitlimit wird vorgegeben, das z. B. bei jedem Regelverstoß zusätzlich gekürzt wird.
- Akustische Störfaktoren werden erzeugt, um Stress auszulösen, z. B. eine Eieruhr, die tickt, oder ein Kollege, der eine Uhr simuliert, indem er ständig „tick-tick-tick“ sagt.

Die verschiedenen Handicaps erfordern unterschiedliche Kompetenzen, um sie auszugleichen. Sie werden also nach dem Lernziel bzw. nach den Kompetenzen, die gefördert werden sollen, ausgewählt. So z. B.

- **Einschränkungen in der Kommunikation** erfordern bessere Absprachen vorab, Vertrauen in den Partner sowie mehr nonverbale Kommunikation und Wahrnehmung.
- **Reduzierte Hilfsmittel** erzwingen mehr Kreativität, Problemlösestrategien und ggf. Absprachen.
- **Zusätzliche Lasten** zu tragen, wird durch Teamgeist, einen guten Umgang mit Stärken und Schwächen und Hilfsbereitschaft erleichtert.
- **Lückenhafte oder falsche Informationen werden gegeben.** Die Gruppe kann diese nur durch sachliche Kommunikation, gutes Zuhören und gemeinsame Verantwortungsübernahme vervollständigen bzw. aufdecken.

16.4 Umwandlung alltäglicher Handlungen in erlebnisorientierte Übungen

Alltägliche Programmpunkte, wie Mahlzeiten, Kaffeepausen, das Ablaufen von Wegen zwischen Gruppenraum, Speisesaal und Haupteingang, sind ein fester Bestandteil von Veranstaltungen, werden meist aber eher als Unterbrechungen vom eigentlichen Programm gesehen.

All diese Unterbrechungen können auf oftmals einfache Weise in eine erlebnisorientierte Lernchance umgewandelt werden, die gerade durch ihre Alltagsnähe einen ganz besonderen Reiz habt. Hier einige Kriterien zur Abwandlung mit Anregungen am Beispiel einer Mahlzeit.

Einsatz von Handicaps: alle essen mit Augenbinden oder im Dunkeln, mit zusammengebundenen Händen, man darf nur das essen, was andere einem auf den Teller getan haben;

Regeln verändern: Das Messer kommt in die linke Hand, die Gabel in die rechte;

Ressourcen reduzieren: Die Gruppe soll mit nur 2,50 € pro Person ein drei Gänge Menü organisieren, es gibt zu wenig oder gar kein Besteck;

Ort wechseln: Die Mahlzeit wird unterm Tisch eingenommen, im Baum, im einem engen Keller;

Personenkonstellation verändern: Jeder isst für sich alleine (Kap. 10.5), mit Fremden, alle aus einer Schale;

Geschwindigkeit verändern: Der Teller Suppe soll in exakt 30 Minuten leer gegessen werden, Essenszubereitung erfolgt unter Zeitdruck.

16.5 *Simple security* – ein einfaches Konzept zur Unfallvermeidung

Das folgende Sicherheitskonzept passt ideal zu *simple things*, da es auch für spontane Aktivitäten schnell, einfach und ausreichend umfassend ist. In Anlehnung an *simple things* soll es *simple security* heißen.

Man sollte Übungen nicht einfach aus Büchern oder Erzählungen aufgreifen und sie ohne weiteres mit unbekannten Gruppen ausprobieren. Wenn irgend möglich sollte man Übungen als Anleiter immer zuerst selbst als Teilnehmer oder zumindest mit Kollegen durchgeführt haben, um ein gutes Gespür für Fallstricke und Gefahrenquellen zu entwickeln. Dieser Hinweis mag in einem Buch, das eine Anleitung zum Entwickeln neuer Übungen enthält, widersprüchlich erscheinen. Deshalb sei angemerkt, dass Erlebnispädagogen in gewissem Maße bei jeder Gruppe kleine Anpassungen der Wortwahl, der Regeln o. Ä. vornehmen. Auf diese Weise kann man mit zunehmendem Erfahrungsschatz auch größere Experimente eingehen – so lange man sich sicher fühlt, das, was da kommen mag, abschätzen und auch Unvorhergesehenes kompetent und verantwortungsvoll für Lernprozesse der Teilnehmer nutzen zu können.

Vier Kontrollblicke

Vier symbolische Kontrollblicke können die Sicherheit von Aktivitäten weitgehend gewährleisten (Tab. 4, Abb. 8):

Zusätzlich ist zum Thema Sicherheit allerdings zu bedenken:

- Stress (durch Zeitdruck o. Ä.) erhöht die Fehlergefahr. Dies betrifft sowohl Trainer, bspw. beim Auf- und Abbau, als auch Teilnehmer, z. B. bei einer Übung unter Zeitdruck.
- Enthusiasmus bzw. Flow führen zu fokussierter Aufmerksamkeit und damit ggf. dazu, Gefahrenquellen zu übersehen.
- Auch ohne reale Gefahren kann eine Situation von Teilnehmern als bedrohlich erlebt werden. Das subjektive Sicherheitsgefühl ist also noch einmal gesondert zu beachten.
- Allen Trainern sei davon abgeraten, bei Aktionen mit – auch nur geringem – Gefahrenpotenzial zu fotografieren. Die Gefahr der Unaufmerksamkeit wird schnell unterschätzt: Das Fotografieren sollte also ent-

weder an Teilnehmer delegiert oder lieber ganz auf Bilder verzichtet werden.

- Es ist die Verantwortung des Trainers auch bei spontanen sowie sich spontan weiter entwickelnder Aktionen den Überblick zu bewahren und Gefahrenquellen rechtzeitig zu erkennen und auszuräumen.

Tab. 4: Diese vier Kontrollblicke bilden ein einfaches Sicherheitskonzept.

Oben	– Kann etwas herunterfallen? (Objekte, Personen von Stühlen etc.) – Birgt das Wetter Risiken? (z. B. Unterkühlung, Sonnenstich, Rutschgefahr)
Unten	– Wie ist die Bodenbeschaffenheit? (Wurzeln, Steine, Unebenheiten, Rutschgefahr usw.) – Liegen oder stehen Objekte im Weg, die eine Verletzungsgefahr darstellen können? (Stühle, Taschen etc.)
Innen	– Wird Material mit erhöhtem Gefahrenpotenzial verwendet? (Scheren, Messer, Flammen,...) – Gerät ein Materialteil an seine Belastungsgrenze? (z. B. Stöcke, Stühle)
Außen	– Sind die Teilnehmer für die Aktion angemessen gekleidet? (Hausschuhe, Regenjacken,...) – Sind die Teilnehmer in der Lage, Gefahren selbst zu erkennen und zu vermeiden? (Alter, Aufregung, Hektik usw.)

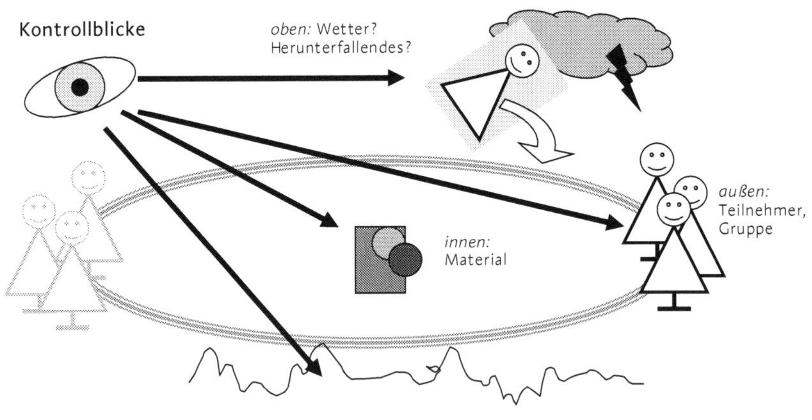

Abb. 8: Einfache Regel zur Unfallvermeidung: Kontrollblick nach unten, oben, innen und außen.

17 Übungen zielgruppenorientiert abwandeln

Auch bei guter Vorbereitung kann es mitunter passieren, dass man im Laufe einer Übung feststellt, dass die Aufgabenstellung für diese spezielle Gruppe zu leicht oder zu schwer ist. Dies kann verschiedene Gründe haben:

- Die gegebenen Lokalitäten stellen andere Bedingungen dar als erwartet (z. B. unerwartete Gegebenheiten verhindern gewohnte Lösungswege oder der Platz ist zu groß und die Gruppe verteilt sich zu sehr).
- Die Gruppe zeigt deutlich mehr oder deutlich weniger Kompetenzen in der Bearbeitung der Aufgaben als vergleichbare Gruppen in der Erfahrung des Trainers.
- Die zur Verfügung stehenden oder geeigneten Hilfsmaterialien sind entweder unerwartet gering oder zu reichlich und schnell verfügbar.
- Bedingungen innerhalb der Gruppe sind anders als erwartet (z. B. Körperkontakt ist zur Lösung der Aufgabe erforderlich, wird in der Gruppe jedoch vermieden, Kinder sind körperlich schwächer oder stärker als erwartet).

Bevor man als Trainer die entsprechenden Stellschrauben verändern kann, muss zunächst festgestellt werden, ob die Aufgabe für die Gruppe zu einfach oder zu schwer ist.

17.1 Anzeichen von Überforderung

Wenn eine Gruppe oder einzelne Teilnehmer überfordert sind, lässt sich das oft an den folgenden Merkmalen erkennen: Die Teilnehmer

- verkennen evtl. die Kernaufgabe der Übung und verbeißen sich in einen Nebenaspekt ohne einer wirklichen Lösung näher zu kommen;
- versuchen, heimlich oder offen zu schummeln;
- fragen oder hinterfragen auffallend viel;
- verlieren sichtlich die Lust an der Aufgabe;
- beschweren sich über die Aufgabe und zeigen sich zunehmend gelangweilt, frustriert und/oder aggressiv;

- geben auf, d. h. stehen herum und warten ab, was als nächstes passiert oder hoffen, dass der Trainer eingreift;
- äußern sich abwertend über andere Teilnehmer;
- weisen dem Trainer die Schuld für das Stocken des Arbeitsprozesses zu;
- ziehen sich zurück, bilden evtl. kleine Grüppchen und suchen sich Nebenbeschäftigungen;
- boykottieren die Aufgabe offen;
- erklären die Aktivität mehr oder weniger lautstark für blöd, albern, kindisch o. Ä.

17.2 Anzeichen von Unterforderung

Ebenso gibt es eine Reihe typischer Anzeichen für eine Gruppe, die von einer Aufgabe nicht ausreichend gefordert wird: Die Teilnehmer

- haben die Aufgabe sofort gelöst und erklären sie evtl. für zu einfach, langweilig oder kindisch;
- beteiligen sich nicht an der Lösung der Aufgabe;
- unterhalten sich, gehen weg, machen Unsinn o. Ä.;
- stören und ärgern andere, die sich noch mit der Aufgabe beschäftigen;
- bemängeln die Aufgabe, stellen den Sinn der Veranstaltung und die Kompetenz der Trainer in Frage etc.;
- wenden sich in Körperhaltung und Sprache gegen die Trainer.

Mitunter zeigen Teilnehmer solche Verhaltensweisen, weil sie das Gefühl haben, nicht ernst genommen oder nicht für erwachsen gehalten zu werden. Sie unterstellen den Trainern in diesem Fall, ihnen mit Absicht eine so leichte Aufgabe gegeben zu haben. Dieses Missverständnis sollte respektvoll aufgelöst werden, um eine vertrauensvolle Beziehung zwischen Trainern und Teilnehmern wieder herzustellen, denn diese ist für den Lernerfolg wichtig.

Interessanterweise können Nebenbeschäftigungen der Teilnehmer sowohl auf eine Über- als auch auf eine Unterforderung hindeuten. Sie können aber ebenso anzeigen, dass bei Einzelnen oder der gesamten Gruppe im Moment ein anderes Thema dringlicher ist als jenes, das in der gestellten Aufgabe enthalten ist. Der Trainer braucht also ein wachsames Auge für das Geschehen in der Gruppe, um die Situation gut einschätzen und konstruktiv agieren zu können.

17.3 Möglichkeiten, eine Übung einfacher zu gestalten

Kommt der Trainer zu dem Schluss, dass die gestellte Aufgabe für die Gruppe nicht das richtige Maß an Herausforderung darstellt, so gibt es eine Spannbreite an Möglichkeiten, um sie einfacher bzw. komplexer zu gestalten. Für die Wirkung auf die Gruppe ist es dabei entscheidend, zu welchem Zeitpunkt eine solche Anpassung vorgenommen wird: (a) vor Beginn der Aktivität, also ohne, dass die Teilnehmer dies mitbekommen oder (b) während einer laufenden Übung.

Im Voraus/in der Planungsphase: Eine Übung im Vorfeld so zu verändern, dass sie für eine bestimmte Gruppe optimal geeignet ist, lässt sich noch gut bewerkstelligen, da die Regeln und Vorbereitungen entsprechend vorgenommen werden können, ohne dass die Teilnehmer davon erfahren. Hier einige Anregungen:

- Einzelne Regeln werden abgeschwächt oder ganz weggelassen. Dabei ist allerdings zu beachten, dass die Aufgabe dadurch nicht ihren Sinn verliert.
- Zielobjekte werden niedriger gehängt bzw. die zu überwindende Strecke gekürzt.
- Die Gruppe bekommt mehr oder zusätzliche Hilfsmittel zur Verfügung gestellt.
- Es wird eine Beratungszeit gewährt, bevor die praktische Umsetzung beginnt.
- Der Gruppe werden ein Probedurchlauf oder mehrere bzw. unbegrenzte Versuche gestattet.
- Ein oder mehrere Beobachter werden bestimmt, die nach dem ersten Versuch Rückmeldungen und Anregung geben dürfen.
- Es wird mehr Zeit zur Lösung der Aufgabe gewährt oder gar keine Zeitvorgabe gemacht.
- Eine bestimmte Anzahl Fehler wird erlaubt. Die Anzahl darf die Gruppe am besten selbst bestimmen.
- Die Bildung von Kleingruppen oder die Zuteilung von Sonderaufgaben wird gezielt gesteuert (z. B. nach Vorerfahrungen oder Körpergröße).
- Eine klare Struktur wird vorgeben (z. B. vor Aktionsbeginn gibt es X Min Beratungszeit; ein Gesprächsführer und/oder Beobachter muss bestimmt werden; nach X Min findet eine Zwischenreflexion statt).
- Der Gruppe werden Jokerkarten zugestanden, die gewisse Regeln kurzfristig außer Kraft setzen können.
- Der Trainer stellt zielführende Fragen.

Wenn man sich nicht sicher ist, ob eine Herausforderung für eine Gruppe zu anspruchsvoll ist, kann sie auch zuerst in vereinfachter Form und danach mit steigendem Schwierigkeitsgrad angeboten werden.

Während der laufenden Übung: Eine wirkliche Herausforderung kann es dagegen für die Trainer sein, eine Aufgabenstellung zu verändern, nachdem die Regeln vorgestellt wurden und die Gruppe bereits voll im Tun ist. Besonders wenn neue Regeln eingeführt oder bestehende verändert werden, kann dies dem Trainer später als Grund für Misserfolg und Frust vorgeworfen werden. Dennoch ist es manchmal ratsam, auch bei einer bereits laufenden Übung gewisse Modifizierungen vorzunehmen oder zumindest anzubieten, um einen größtmöglichen Nutzen der Übung zu erzielen.

Es geht also darum, diese Anpassung so vorzunehmen, dass die Teilnehmer nicht den Eindruck bekommen, man hielte sie für nicht kompetent oder reif genug, die Herausforderung in ihrer ursprünglichen Form zu meistern. Nachträgliche Änderungen werden nämlich oft derart interpretiert – selbst wenn die Wetterbedingungen, der Trainer o. Ä. die Ursache waren.

Im Folgenden sind daher ein paar Interventionen aufgeführt, die sich für solche Zwecke in der Vergangenheit bewährt haben:

- Der Trainer erhält einen fiktiven Anruf oder tritt im Rahmen der erzählten Geschichte als Weiser, Geist o. Ä. auf. Er berichtet von einem plötzlichen Ereignis, das die Gruppe und deren Aufgabe betrifft. Diese unerwarteten Umstände haben Änderungen bei den Hilfsmitteln oder Regeln zur Folge bzw. setzen eine bestimmte Regel kurzfristig außer Kraft.
- Als Variante dazu: Diese Gegenstände oder neuen Regeln können nur gegen etwas, das die Gruppe dafür bietet, eingetauscht werden. Dadurch kommt der Gruppe mehr Eigenverantwortung und Mitbestimmung zu. Sie kann sich auch dafür entscheiden, diese Hilfe nicht anzunehmen.
- Die Übung wird kurzzeitig unterbrochen, um eine Zwischenauswertung über bisherige Erfolgsschritte, den momentanen Stand o. Ä. zu führen. Dies schafft Struktur und im Zuge dessen können prozessfördernde Fragen gestellt werden, ohne dass dies als Hilfe wahrgenommen wird.
- Entweder innerhalb der Rahmengeschichte oder als Ergebnis einer Zwischenauswertung kann ein Gesprächsführer, ein Beobachter, ein Sicherheitsbeauftragter oder eine andere Rolle bestimmt werden, die bei der Fortführung der Übung besetzt werden muss und für die Bewältigung der Aufgabe hilfreich sein soll.
- Wenn gar nichts hilft, gibt es noch die Möglichkeit, die Übung zu unterbrechen und zu erklären, dass man, d. h. der Trainer, einen Fehler ge-

macht hat und die Übung in einer Weise gestellt hat, die unlösbar ist. Das kann zwar zu Unmut oder spöttischem Gelächter führen, die Schuld auf sich zu nehmen ist für den Entwicklungsprozess der Teilnehmer aber mitunter hilfreicher als sie scheitern zu lassen.

Abzuraten ist allerdings davon, anfangs aufgestellte Regeln im Verlauf der Veranstaltung nicht mehr genau zu nehmen (z. B. Berührung eines verbotenen Gegenstandes oder Bereiches). Denn dies kann die Ernsthaftigkeit der Übung und die Glaubwürdigkeit der Trainer in Frage stellen.

17.4 Möglichkeiten, eine Übung komplexer zu gestalten

So wie man eine Aktivität gezielt einfacher machen kann, lässt sie sich auch systematisch komplexer gestalten – und zwar nicht einfach nur dadurch, dass die bereits genannten Tricks umgekehrt werden.

Im Voraus/in der Planungsphase: Wie bereits erläutert, lässt sich eine Aufgabe im Vorfeld noch recht problemlos im Schwierigkeitsgrad anpassen, ohne dass es die Teilnehmer mitbekommen, so z. B. durch folgende Maßnahmen:

- zusätzliche Vorgaben, Regeln oder Handicaps einbauen: ständiger Körperkontakt unter den Teilnehmern, gewisse Gegenstände oder Hilfsmittel dürfen nur von X Teilnehmern berührt werden, es dürfen sich immer nur X Teilnehmer gleichzeitig bewegen, nur ein Teilnehmer darf sprechen oder sprechen ist für alle verboten;
- Zielobjekte schwerer erreichbar deponieren, z. B. versteckt oder höher;
- die zu überwindende Strecke verlängern;
- eine strenge Zeitvorgabe geben; Zeitdruck erzeugt Stress, sodass für das gleiche Ergebnis eine bessere Konzentration, Kommunikation usw. erforderlich sind;
- die Hilfsmittel reduzieren oder an Bedingungen knüpfen, z. B. können sie nur durch die Übernahme von Handicaps gewonnen werden;
- zusätzliche, verwirrende Hilfsmittel ausgeben, sodass die Teilnehmer nicht nur überlegen müssen, wie sie die Hilfsmittel optimal einsetzen und miteinander kombinieren müssen, sondern auch, welche sie überhaupt benötigen, ohne sich zu verzetteln;
- die Gruppe in Kleingruppen aufteilen, von denen jede nur einen Teil des Gesamtauftrages erhält; besonders wenn diese Teilgruppen dann noch

räumlich getrennt werden, wird ein viel höheres Maß an Kommunikation und Koordination erforderlich, um eine Aufgabe zu meistern;
- durch einen Impuls vor Beginn der Aktivität (*frontloading*) gezielte Lernimpulse geben, z. B. können neue Verhaltensweisen oder Strategien angeregt werden, die die Gruppen besonders fordern (etwa das Arbeiten mit einem Koordinator oder einer Beratungsphase).

Während der laufenden Übung: Wenn man die Parameter einer laufenden Übung dahin gehend ändert, dass sie leichter wird, läuft man Gefahr, dass die Teilnehmer das Gefühl bekommen, sie seien unfähig oder würden zumindest dafür gehalten.

Bekommen sie allerdings mit, dass man die Stellschrauben so anzieht, dass die Übung schwieriger wird, so entsteht evtl. der Eindruck, die Trainer versuchen mit Absicht, die Gruppe scheitern zu lassen. Dass dies zu Unmut und Widerständen führen kann, ist nachvollziehbar. Auch hier sind also Fingerspitzengefühl und einige Tricks gefragt:

- Innerhalb der Rahmengeschichte lässt man ein plötzliches Ereignis auftreten, das Zeitdruck erzeugt, Hilfsmittel unbrauchbar werden lässt, Umwege erfordert oder weitere Handicaps verursacht: Ein Unwetter zieht auf; Ungeziefer hat einen Teil der Hilfsmittel zerfressen; der geplante Weg ist verschüttet oder Nebel zieht auf und nimmt X Teilnehmern die Sicht. Um nicht den Eindruck zu erwecken, der Trainer würde willkürlich Parameter verändern, weil er den Erfolg der Gruppe verhindern will, bietet es sich an, spielerisch neckisch damit umzugehen. Man kann sich auch lediglich als Überbringer der schlechten Botschaft einer Schuldzuweisung entziehen („Ich kann ja nichts für so eine Ungezieferplage!“).
- Manchmal ist für Trainer angesagt, auf die Metaebene zu gehen: „Ja, ich habe die Übung komplizierter gemacht, weil ihr viel kompetenter seid als ich dachte“!
- Hat die Gruppe die Aufgabe sehr schnell gelöst und fragt sich evtl. sogar, was hieran die Herausforderung gewesen sein soll, so kann man ihren Lösungsweg loben und anschließend die Gruppe herausfordern, sich der Aufgabe nun auf einer höheren Schwierigkeitsstufe zu stellen. Oder man äußert den Eindruck, dass die Gruppe auch komplexere Aufgaben lösen kann und bittet sie, sich kurz zu beraten und selbst eine angemessene Herausforderung zu bestimmen – z. B. indem sie selbst erschwerende Regeln aufstellen, auf bestimmte Hilfsmittel verzichten o. Ä.

Eine Veränderung des Schwierigkeitsgrades wirkt sich auf verschiedene Aspekte aus, die für den Lerngewinn aus einer Kooperationsaufgabe relevant sein können, z. B. auf die Notwendigkeit und praktische Umsetzung von Kooperation und effektiver Kommunikation. Außerdem gilt, dass Stresssituationen – wie sie durch eine hoch anspruchsvolle Übung erzeugt werden können – eingeschliffene soziale Strukturen, Umgangsformen, Hierarchien, Rollen usw. oft schnell und deutlich zum Vorschein bringen. Diese können dann daraufhin ausgewertet werden, wie lösungsorientiert, wachstumsfördernd, genderneutral, inklusiv o. Ä. sie sind. Das gleiche gilt für Arbeits- und Problemlösestrategien.

Natürlich haben Kooperations- und Vertrauensaufgaben deutlich mehr relevante Dimensionen als lediglich „einfach“ und „schwer“. Verschiedene Grundformen von Übungen bieten sich z.B. für jeweils verschiedene Lernziele an. Eine Veränderung oder Kombination der Grundformen führt somit zu einer Verschiebung auf der Ebene der Lernziele.

Je besser eine Übung in ihrem Schwierigkeitsgrad geeignet ist, umso optimaler fordert sie die Gruppe und bildet diese Lernziele realitätsnah ab. Zentral sind dabei die von den Teilnehmern subjektiv wahrgenommenen Erfolgsfaktoren, Hürden und Erkenntnisse, weniger die Bewertung des Erreichten durch den Trainer. In diesem Sinne kann auch das gefühlte oder tatsächliche Scheitern ein Gewinn sein.

18 Nutzung bildlicher Sprache

Rahmengeschichten regen die Fantasie und Kreativität an, erlauben das Ausprobieren neuer Rollen in einem geschützten Als-ob-Rahmen, wirken motivierend und haben noch zahllose weitere positive Auswirkungen (Hildmann/CEP 2017). Zudem kann auf diese Weise ein Stück Wildnis und Abenteuer auch ohne Aufwand in einen Seminarraum oder auf einen Schulhof transportiert werden.

Es ist also kein Wunder, dass viele Kooperationsaufgaben in abenteuerliche Geschichten eingekleidet sind. Mit etwas Fachwissen lassen sich Rahmengschichten und sogenannte Spieleketten für Zielgruppen und Lernziele passgenau einsetzen.

18.1 Rahmengeschichten

In den Rahmengeschichten für einzelne Aktionen werden – im Gegensatz zu den nachfolgend beschriebenen Spieleketten – sehr konkrete Situationen dargestellt. Die Details der Übung (Regeln, Hilfsmittel, Sicherheitshinweise etc.) werden als Teil der fiktiven Situationsbeschreibung mitgeteilt. Damit geht die Rahmenschichte oft nur geringfügig über die übliche Anmoderation hinaus, z.B. durch eine Begrüßung der Teilnehmer in ihrer Rolle innerhalb der Geschichte und geeignete Accessoires, um Orte, Personen oder zentrale Gegenstände zu symbolisieren.

Beispiele für Rahmengeschichten

In der Erlebnispädagogik werden Kooperationsaufgaben oft auch als „kooperative Abenteuerspiele“ bezeichnet. Dabei werden besonders gerne Szenarien geschaffen, mit denen Wildnis und Abenteuer assoziiert werden. Hier ein paar Beispiele:

- Zustand nach Flugzeugabsturz;
- ein bedrohtes Wesen muss – unter Zeitdruck – gerettet werden;
- Durchquerung eines Dschungels;
- Überquerung eines reißenden Flusses, Säuresees oder anderen gefährlichen Gebietes;
- Eine Bombe muss entschärft werden.

Der Fantasie sind beim Erstellen eines solchen Szenarios keine Grenzen gesetzt. Zu achten ist allerdings darauf, dass je nach Altersgruppe andere Themen spannend und zielführend sind.

Einfache Hilfsmittel unterstützen die Fantasie

Der Einsatz von passenden Kostümen, Musik, Kulissen oder Requisiten hilft den Teilnehmern, sich auf die Geschichte einzulassen. Dabei reicht es oft aus, sich auf einen oder wenige Gegenstände zu beschränken, z.B. ein Hut, der die Rolle des Erzählers (d.h. des Trainers) symbolisiert oder ein für die Geschichte zentraler Gegenstand wie eine Schatzkarte. Auch wenn vieles möglich ist, sollte man mit Accessoires nicht übertreiben – auch um den Vorbereitungsaufwand in Grenzen zu halten.

Das übrige Szenario und der Verlauf der Geschichte kann verbal vermittelt werden. Etwas schauspielerische Begabung hilft dem Trainer natürlich, die Fantasie der Teilnehmer zu beflügeln und die Geschichte zum Leben zu erwecken.

Entwickeln von Rahmengeschichten

Wenn man eine Rahmengeschichte für eine einzelne Aktion entwickeln will, wird diese Aktion oder Übung als Ausgangspunkt genommen. Das ist – wie im nachfolgenden Abschnitt erläutert wird – beim Entwickeln ganzer Spieleketten anders. Die einzelnen Schritte sind in Tabelle 5 aufgeführt.

Die Herausforderung besteht v.a. darin, die Aufgabenstellung, alle Regeln (inkl. Konsequenzen) und Hilfsmittel schlüssig umzudeuten und umzuformulieren. Misslingt dies, können die erhofften Vorteile einer Rahmengeschichte leider auch ins Gegenteil umschlagen. Sie wird dann eher befremdlich wirken. In dem Fall ist es ratsamer, die Übungen ohne zusammenhängende Rahmengeschichte zu durchlaufen.

18.2 Spieleketten

Da sich der Begriff „Spieleketten" in der Pädagogik fest etabliert hat, wird er auch hier verwendet.

Spieleketten sind Rahmengeschichten, die mehrere Spiele oder Aktionen umspannen. Die Übergänge zwischen der Geschichte und einzelnen Spielen bzw. Kooperationsaufgaben sind fließend, damit sie von den Mitspielenden als Einheit erlebt werden (Pöllinger/Dickert 1997, 134). Unter diesem Aspekt ist auch abzuwägen, wie oft und in welcher Form nach den

Tab. 5: Schritte zum Entwickeln einer Rahmengeschichte für eine konkrete Übung

Gedankenschritt	
Schritt 1: **Abstrahieren der Übung**	Zunächst wird von der Übung bzw. von dem, was darin passiert, abstrahiert (vgl. typische Grundformen von Kooperationsaufgaben).
Schritt 2: **Assoziieren**	Nun kann man wild assoziieren, in welchem abenteuerlichen Szenario dies denkbar wäre. Hier ein paar Beispiele: – Zustand nach Flugzeugabsturz – Ein bedrohtes Wesen muss – unter Zeitdruck – gerettet werden. – Durchquerung eines Dschungels – Überquerung eines reißenden Flusses, Säuresees oder eines anderen gefährlichen Gebietes – Eine Bombe muss entschärft werden. Der Fantasie sind dabei keine Grenzen gesetzt. Je nach Altersgruppe sind andere Themen spannend und zielführend.
Schritt 3: **Regeln übertragen**	Als nächstes werden die Regeln der Übung in die Geschichte übertragen und anschließend überprüft, in wie weit sie damit noch stimmig ist.
Schritt 4: **Durchdenken der gesamten Geschichte**	Fragen, die dabei durchdacht werden sollten: – Wo genau befinden wir uns? (Es darf gerne dramatisch und extrem sein!) – Wie ist es zu dieser Situation gekommen (Rahmen-/Ausgangssituation)? – Wie lautet das Ziel der Übung in der Sprache der Geschichte? – Wie geht die Geschichte weiter, wenn die Aufgabe bewältigt ist? (Übung geschafft → now what?) – Wie geht die Geschichte (und Auswertung) weiter, wenn die Gruppe die Aufgabe nicht bewältigt? – Welche Rolle in der Geschichte verkörpert der Trainer? Kann er damit noch seine Funktionen z. B. als Sicherheitswächter wahrnehmen und eventuelle Interventionen durchführen, ohne dass er aus der Rolle und dem Szenario fällt?
Schritt 5: **Anpassung der Hilfsmittel, etc.**	Hilfsmittel und anderer Übungselemente müssen zur Geschichte passend umbenannt und ggf. verändert werden, damit alles zusammen passt. – Objekte – Personen – Ort, Räumlichkeiten – Regelverstöße, Konsequenzen
Schritt 6: **Accessoires und Vorbereitung**	Welches kleine Accessoire könnte die Geschichte unterstützen? Raum und Material werden vorbereitet.

Aktionsphasen eine Auswertung vorgenommen werden soll, da auch diese einen Bruch in der Geschichte verursachen.

Der Sinn einer Spielekette ist es, einen übergeordneten Spannungsbogen zu schaffen, der es den Teilnehmern ermöglicht, tiefer in die Rahmengeschichte einzutauchen und sich dadurch besser in ihre Rollen einzufühlen und die damit einhergehenden Ressourcen zu nutzen.

Beispiele für Spieleketten

Im Gegensatz zum Entwickeln von Rahmengeschichten für einzelne Aktionen werden für Spieleketten übergreifende Handlungsereignisse gewählt, die mehrere Situationen oder Spielszenen umfassen können (Abb. 9). Einige Beispiele:

- eine Reise in ein verzaubertes Land, z. B. auf Hilferuf eines Wesens, um etwas oder jemanden zu finden, zu erlösen, um Rat zu fragen o. Ä.;
- eine gemeinsame Weltreise der Gruppe, auf der sie fremden Ländern und Kulturen begegnet;
- ein geschichtliches Thema (z. B. Indianer, Römer o. Ä.);
- ein Weltraumflug zu fernen Planeten;
- eine Olympiade (auch themenbezogen, z. B. als Tier-, Wald- oder Sommerolympiade möglich);
- eine Expedition in ein gefährliches Gebiet, z. B. zur Rettung von Geiseln, Tieren o. Ä.
- eine Schatzsuche: bei jeder Übung kann man einen neuen Hinweis oder einen Teil des Codes, der Schatzkarte o. Ä. gewinnen.

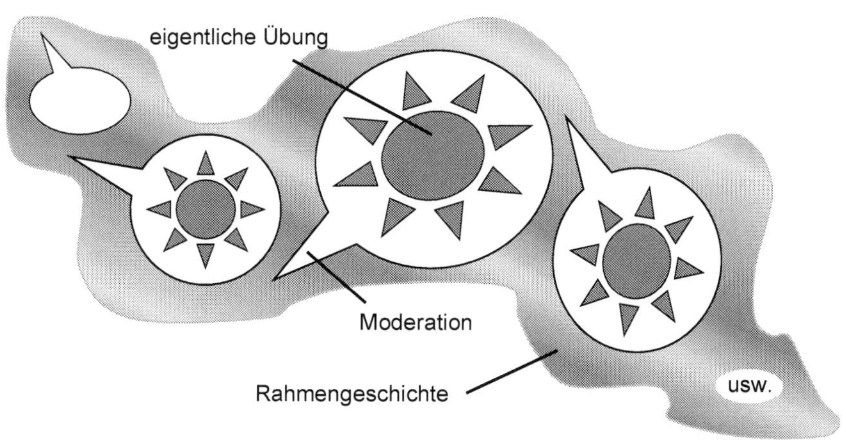

Abb. 9: Einbettung von Übungen in eine Spielekette

Meist wird in der Geschichte einer Spielekette ein Fernziel verfolgt (z. B. Rettung, Schatz finden,...). Die einzelnen Übungen sind Etappen auf dem Weg zu diesem Ziel, das dann in einem großen Finale erreicht und gefeiert wird.

In manchen Spieleketten wird die Aufteilung in Etappen und Finale besonders deutlich. Dann können bei den einzelnen Übungen Punkte, Goldstücke o. Ä. gewonnen werden, mit denen später Material, Zeitgutscheine, zusätzliche Versuche oder sonstige Vorteile zur Bewältigung einer großen Abschlussaktion (z. B. Floßbau, Abendessen) erworben werden können.

Entwickeln von Spieleketten

Die Herausforderung bei der Entwicklung neuer (erlebnispädagogischer) Spieleketten liegt in erster Linie darin, eine entsprechende Anzahl für die Zielgruppe angemessener Übungen zu finden. Diese müssen ohne inhaltlichen Bruch in eine ebenso Zielgruppen angemessene Rahmengeschichte eingepasst werden können.

19 Aktivitäten zielführend auswerten

Auswertungen oder Reflexionseinheiten sind ein wesentlicher Bestandteil erlebnispädagogischer Maßnahmen, da mit deren Hilfe zentrale Aspekte einer Aktivität fokussiert, evaluiert und für die Zukunft weiter nutzbar gemacht werden können – auch wenn es im Einzelfall durchaus vorkommen kann, dass es für die Lernprozesse und Bedürfnisse der Teilnehmer angemessener ist, eine Aktivität ohne gesonderte Auswertung wirken zu lassen.

Auswertungsmethoden sollten nicht rein mechanisch angewendet werden. Erlebnispädagogik ist wesentlich komplexer als eine Handlungsphase mit einer Reflexion zu verknüpfen. Die Trainer sollten also ein Repertoire an Methoden und Gedankenmodellen zur Verfügung haben, auf das sie je nachdem, wie sich eine Aktivität entwickelt, flexibel zugreifen können.

19.1 Praktische Tipps zur Auswertung von Übungen

Hier einige Tipps, die sich über die Jahre angesammelt und bewährt haben (Hildmann/Moseley 2012b).

Auswerten statt reflektieren

Statt einer Reflexion im Sinne einer reinen Rückschau auf das, was passiert ist, ist eine Auswertung das Ziel, bei der aus dem Erlebten das Wertvolle herausgefiltert, sortiert und für die Zukunft verwertbar gemacht wird.

Zeitpunkt

Eine Reflexion muss nicht zwingend nach einer Aktion stattfinden. Bereits in der Planungsphase wie auch während der eigentlichen Aktivität können Impulse (z.B. in Form von kurzen Bemerkungen oder Denkanstößen) einfließen, die einen Reflexions- und Transferprozess in Gang setzen bzw. unterstützen.

Aktiv und multisensorisch

Alles, was über eine rein verbale Reflexionsrunde hinaus andere Sinne mit anspricht und interaktiv ist, ist lebendiger, interessanter und wird im Gehirn nachhaltiger verankert.

Manche Teilnehmer nehmen verbale Reflexionsrunden als unbeliebte Störungen wahr, die den von ihnen erhofften Unterhaltungswert der Veranstaltung dämpfen. Dass dies nicht so sein muss, demonstriert z. B. Roger Greenaway sehr eindrücklich mit seinen *active-reviewing-Methoden* (Greenaway 2007; 2013; 2017). Dies sind Aktivitäten, die gezielt handlungsorientiert und interaktiv sind und zur Auswertung verschiedenster Erfahrungen eingesetzt werden können.

Abwechslung

Die Reflexionsmethoden im Laufe einer Veranstaltung abzuwechseln, fördert Aufmerksamkeit und Motivation der Teilnehmer immer wieder von neuem. Einige Aspekte, bei denen Abwechslung stattfinden kann, sind:

- verbale und nonverbale Methoden;
- mal aktiv und bewegungsintensiv, mal meditativ oder künstlerisch-kreativ;
- in der Großgruppe, in Einzelarbeit, in Paaren oder Kleingruppen,
- Fokussierung auf Strategien, Ressourcen, förderliche und hinderliche Verhaltensweisen oder auf Gedanken;
- zeitintensive gegenüber kurzen bis blitzlichtartigen Methoden;
- Reflexionsimpulse vor, während und nach einer Übung.

Material

Es bietet sich an, Materialien oder Konstruktionen aus der Übung in der Auswertung zu verwenden. Sie können z. B. als eine Metapher gelesen werden: „Was sind die Hände, die euch im Alltag tragen bzw. die euch Kraft geben? Was sind die Stricke, die euch bei eurer Arbeit einschränken?“ etc.

Auswahl und Fokus

Es ist dringend zu empfehlen, sich für eine Frage oder ein Thema zu entscheiden, statt viele Fragen hintereinander zu stellen. Dadurch wird die Auswertung fokussiert und meist deutlich effektiver.

Metaphern

Einzelne Aspekte oder die gesamte Übung können als Metapher verwendet werden, um einen Erkenntnisgewinn und/oder Transfer in den Alltag zu erleichtern. Wie in Kapitel 10.3 erklärt, sind die Mehrdeutigkeiten der deutschen Sprache hilfreich, um von in der Übung konkret Erfahrenem einen Zugang zu tiefgreifenden Themen zu schaffen. So kann beispielsweise das Tragen eines Objekts in der Übung dahingehend gedeutet werden, dass man sich von den anderen getragen (im Sinne von geborgen und unterstützt) fühlt.

19.2 „Klassische“ Auswertungsthemen

Es gibt einige Auswertungsthemen, die sich aus nahezu jeder Übung herausarbeiten lassen. Sie kann man sozusagen als Joker einsetzen, z.B. wenn eine Übung völlig anders verläuft als vom Trainer erwartet. Hier drei zur Auswahl:

Rollen im Team: Die unterschiedlichen Aufgaben, persönlichen Begabungen und sozialen Rollen sind Faktoren, die für Teamarbeit von zentraler Bedeutung sind. Belbin (2010; König/König 2002) stellt ein weit verbreitetes Modell mit neun sozialen Funktionen bzw. „Rollen“ vor, das sich für Arbeitsgruppen mit Erwachsenen gut eignet. Für den Einsatz mit Kindern und Jugendlichen empfiehlt sich allerdings, die Komplexität des Modells zu vereinfachen – z.B. Belbins neun Rollen auf sechs zu reduzieren – und vereinfachte Bezeichnungen wie „Erfinder“, „Macher“ oder „Sprecher“ zu verwenden. Alternativ lassen sich verschiedene Rollen auch aus dem erarbeiten, was die Kinder und Jugendlichen wahrnehmen und von sich aus beitragen. Hier einige Beispielfragen für das Aufdecken von sozialen Rollen:

- Was hast du zum Erfolg der Übung beigetragen?
- Wer von euch ist der Macher/Kritiker/Visionär/...?
- Wie wäre die Übung verlaufen, wenn ihr alle Macher/... gewesen wärt?
- Wie sind die verschiedenen Rollen in eurem Team verteilt? Gibt es Häufungen bzw. leere Stellen? Wie könnte sich das auswirken? Was könnt ihr (dagegen) tun?

Erfolgsfaktoren und Hindernisse:

- Welche Schritte haben euch dem Erfolg näher gebracht?
- Welchen wertvollen Beitrag hast du persönlich zum Erfolg der Gruppe geleistet?
- Welche Verhaltensweisen waren im Prozess hinderlich?
- Was kann diese Gruppe schon besonders gut?
- Welche Note gibst du dieser Gruppe für ihre Zusammenarbeit/Rücksichtnahme/Disziplin/…?
- Was hilft mir, meinem Ziel näher zu kommen?
- Was könnte mich von meinem Ziel/vom Erfolg abhalten?

Strategien für allgemeine Problemlösung, Kommunikation innerhalb der Gruppe, Aufteilung und Zusammenführung von Arbeitsschritten usw. Mögliche Impulse:

- Welche unterschiedlichen Strategien gab es?
- Welche Strategien waren eher zielführend, welche eher hinderlich?
- Wie zufrieden seid ihr mit eurer Strategie?
- Welche anderen (evtl. auch scheinbar absurden) Strategien könnte es noch geben?

Da sich Auswertungen in der Realität immer auf eine praktische Methode oder Erfahrung beziehen, sind in diesem Buch Hinweise zur inhaltlichen und methodischen Anwendung bei den einzelnen Übungsbeschreibungen eingefügt.

Für eine systematische Betrachtung des Themas sei das Buch von Jörg Friebe (2010) empfohlen sowie – in englischer Sprache – die praktischen Methoden und Anregungen von Roger Greenaway (2017; 2013; 2007). Zur wissenschaftlichen Auseinandersetzung mit Fragen der Auswertung siehe Dickson/Gray (2006), Simpson et al. (2006), Krouwel (2005), Hildmann (2014), Lebermann/Martin (2004), Luckner/Nadler (1997).

20 Lerntransfer – das Gelernte in den Alltag übertragen

Unter Transfer versteht man die Anwendung von etwas Gelerntem in einem anderen Kontext – meistens in die Arbeitswelt oder das soziale Umfeld zu Hause (Reiners 1995, 59; Witte 2002, 79f. u.a.). Letztlich liegt in der Annahme, dass eine solche Übertragung von der erlebnispädagogischen Situation in den Alltag erfolgt – oder zumindest erfolgen kann – die Daseinsberechtigung dieses pädagogischen Ansatzes (Witte 2002, 82; Niebler 2004, 150).

20.1 Transfer ist nicht gleich Reflexion

Trotz der herausragenden Rolle des Lerntransfers kann sich die Auswertung einer Aktivität oder Veranstaltung auch nur auf die gegenwärtige Situation beziehen, z.B. um in einer Gruppe Prozesse, Stärken oder Veränderungsbedarf aufzuzeigen, bevor die zu transferierenden neuen Strukturen und Verhaltensweisen entwickelt werden (Hildmann 2014; in review).

Auswertung und Reflexion können also den Weg ebnen für den eigentlichen Transfer. Dieser umfasst allerdings darüber hinaus z.B. die Herausarbeitung derjenigen Strategien, die es ermöglichen, das neu Gelernte im Alltag umzusetzen.

20.2 Transfer lässt sich nicht garantieren

Es kann nicht garantiert werden, dass ein Transfer des Gelernten gelingt. Die Übertragung von Erkenntnissen und Verhaltensweisen in einen anderen Kontext erfordert die Eigeninitiative der Teilnehmer. Es ist daher empfehlenswert, ihnen zu Beginn des Programms diese Eigenverantwortung bewusst zu machen, um ihre Motivation und ihr Engagement zu erhöhen.

20.3 Transferhindernisse

Im Folgenden sind Faktoren aufgeführt, die den Transfer einer erlebnispädagogischen Maßnahme erschweren (Witte 2002, 86–89; Hildmann 2014; in review). Es ist sinnvoll, diese stets im Hinterkopf zu behalten, um ihrem Einfluss entgegenwirken zu können.

Zu unmotiviert

Viele Teilnehmer verbinden Erlebnispädagogik hauptsächlich mit Freizeit und Spaß. Dies kann dazu führen, dass sie eine erlebnispädagogische Maßnahme mit Erwartungen und Wünschen an einen Urlaub verbinden und Widerstände dagegen haben, sich mit dem Nutzen des Erlebten für den Alltag zu befassen.

Was tun? Ein klar gesteckter Rahmen mit gemeinsam formulierten Zielen kann die Erwartungen der Teilnehmer und deren Motivation von Anfang an auf Lernen ausrichten und die Eigenverantwortung dafür bewusst machen.

Zu abwegig

Wenn Teilnehmer den Zusammenhang zwischen einer erlebnispädagogischen Situation und ihrem Alltagskontext nicht deutlich genug sehen oder entscheidende Stress- und Einflussfaktoren nicht berücksichtigt werden (Kap. 4.2), wird die Übertragung des Gelernten in den Alltag deutlich erschwert.

Was tun? Ein auf die Ziele abgestimmtes Programm mit Aktivitäten, die ein hohes Maß an Isomorphie aufweisen (also Parallelen zum Lernziel und Zielkontext), erleichtert die bewusste und unbewusste Übertragung des Gelernten.

Zu kurz

Es besteht die Tendenz, Veranstaltungen immer kürzer zu gestalten. Das ist der Grund, weshalb viele Maßnahmen schlichtweg nicht genug Übungssituationen bieten, um positive neue Perspektiven, Strukturen und Verhaltensweisen so weit zu festigen, dass sie auch außerhalb des erlebnispädagogischen Erfahrungskontextes Bestand haben.

Was tun? Grundsätzlich sollte versucht werden, für eine Veranstaltung den größtmöglichen Zeitraum auszuschöpfen, da die Gesamtlänge erlebnispädagogischer Maßnahmen als wesentlicher Faktor für ihren Erfolg erkannt wurde (Hattie et al. 1997). Zudem kann mit durchgängig prozess- und zielorientiertem Handeln der Nutzen der vorhandenen Zeit optimiert werden.

Diese und weitere negative Einflussfaktoren können bewirken, dass die Begeisterung und Euphorie, mit der viele Teilnehmer ihre erlebnispädagogische Veranstaltung verlassen, im Alltag schnell wieder verpuffen, wenn dort die Bedingungen unverändert bleiben und das erfolgte Wachstum nicht unterstützt wird. Dieses Phänomen der Desillusionierung (im Sinne von „Das war ja bloß Urlaub. Zu Hause lässt sich das alles nicht umsetzen!") wird auch als *Back-Home-Frustration* (König/König 2002, 157 und 170; Hildmann 2014) oder *Praxisschock* (Großer 2000, 55f.) bezeichnet. Um diese Krise zu überwinden und die erworbenen Verhaltensweisen, Perspektiven usw. erfolgreich in den Alltag zu integrieren, können die Trainer im Rahmen der Veranstaltung Themen wie diese aufgreifen:

- Welche Widerstände und Hemmnisse könnten im Alltag auftreten? (z.B. Unverständnis von Kollegen und Vorgesetzten oder ein hohes Arbeitspensum, das die Einführung neuer Strukturen verhindert)
- Wer oder was könnte im Alltag als Ressource aktiviert oder als Hilfe und Unterstützung genutzt werden? (z.B. Personen im erweiterten Umfeld oder Umverteilungen im Arbeitsplan)
- Welche Strategien, Beschlüsse etc. können helfen, das Gelernte oder die beschlossenen Veränderungen im Alltag umzusetzen – und zwar unter Zuhilfenahme der identifizierten Ressourcen und der zu erwartenden Hindernisse.

Nur selten stehen die Trainer den Teilnehmern in ihrem Zielkontext direkt zur Verfügung. Allerdings können Maßnahmen im Rahmen der erlebnispädagogischen Veranstaltung durchgeführt werden, die zumindest die Wahrscheinlichkeit erhöhen, dass ein Lerntransfer erfolgt (Lakemann 2005, 176). Hierin liegt eine bedeutende Funktion der Trainer (Sibthorp et al 2011; Lau/McLean 2014).

20.4 Praktische Möglichkeiten zur Transferunterstützung

An unterschiedlichen Stellen vor, während und nach einer erlebnispädagogischen Maßnahme können gezielte Schritte zur Transferunterstützung eingeleitet werden. Die nachfolgende Einteilung dient lediglich dem besseren Überblick, denn zwischen den Kategorien gibt es auch deutliche Überlappungen. Eine ausführlichere Liste an Methoden ist bei Hildmann (in review) nachzulesen.

Planung und Programmdesign

Bereits in der Vorbereitung einer Veranstaltung können gezielte und wirkungsvolle Schritte zur Transfersicherung erfolgen:

Formulierung gruppenspezifischer Kursziele: Der Trainer ermittelt ein möglichst umfassendes Bild über Kennzeichen der Gruppe und Bedürfnisse der Teilnehmer. Die Gruppe nimmt eine Gewichtung vor und entwickelt daraus Ziele. Wichtig ist, dass die Gruppe dies selbst tut, da dies die Akzeptanz und Identifikation mit den Zielen und das Bewusstsein der Eigenverantwortung stärkt.

Auswahl von Aktivitäten mit passender metaphorischer Bedeutung: Die Trainer wählen Aktivitäten aus, welche die Zielthemen der Gruppe oder von Einzelpersonen möglichst gut abbilden. Wenn z. B. als Ziel „Absprachen optimieren“ festgelegt wird, bietet sich eine Kooperationsaufgabe an, die ohne gute Absprachen nicht gelöst werden kann.

Überprüfung der Motivation der Teilnehmer: Die Aktivität muss ansprechend und positiv herausfordernd sein, damit sich die Teilnehmer weder langweilen noch überfordert bzw. verängstigt sind (Kap. 4.2).

Metaphern ggf. überarbeiten oder nachjustieren: Falls Teilnehmer eine Metapher, die zur Anregung von Transferleistungen verwendet wird (Tab. 3), nicht verstehen, negativ auffassen oder völlig neue – wertvolle – Aspekte darin aufdecken, sollten die Trainer in der Lage sein, entsprechende Korrekturen an der Übung bzw. dem Rahmen vorzunehmen.

Für weitere Empfehlungen hierzu siehe Gass (1999; 1995), Witte (2002, 85 f.), Großer (2000, 55 f.) und Niebler (2004).

Direkt im Zusammenhang mit einer Aktivität

Die Transferchancen können erhöht werden, indem die Aufmerksamkeit bei einer Aktivität gezielt auf die Lernchancen, mögliche Hindernisse, die Anwendung früherer Erkenntnisse und Beschlüsse o. Ä. gelenkt wird. Geschieht dies zu Beginn der Übung, spricht man von *frontloading*. Während der Aktivität können Zwischenreflexionen eingeschoben werden und/oder zum Schluss eine Auswertungsphase erfolgen.

Verbale Gedankenbrücken: Ohne jegliche Hilfsmittel können verbale Transferimpulse gestellt werden, wie z. B.: „Kommt euch das bekannt vor?“ „Wie ist das bei euch [im Alltagskontext]?“

Metaphern: Etwas eleganter und aufwendiger ist das Angebot verbaler, visueller oder interaktiver Metaphern, die eine vielschichtige Verbindung zum Alltag herstellen und bei einem Aha-Effekt zudem gut in Erinnerung bleiben.

Handlungsorientierte Auswertungsmethoden: Mit Bildern, Notizzetteln, Modelliermasse o. Ä. können zentralen Erkenntnissen oder Vorsätzen eine Form gegeben werden, was zum einen die Erinnerung durch den Einsatz verschiedener Sinne unterstützt, und zum anderen einen Ankerpunkt produziert, der als konkrete Gedächtnisstütze mit in den Alltag genommen werden kann.

Am Ende der Maßnahme

In den Phasen Bündelung und Ausblick (Kap. 3.2) kommen transferunterstützende Methoden besonders deutlich zum Tragen.

Abschlussreflexion zur Verstärkung und Korrektur: Der Trainer verstärkt positive Verhaltensänderungen, nicht konstruktive Interpretationen versucht er positiv umzudeuten (*reframing*). Anwendungsmöglichkeiten des Gelernten bzw. Verpflichtungen zur Veränderung werden betont. Ablauf und Bedeutung der Erfahrung sollten bereits vor und während der Übung erschlossen worden sein (Gass 1995; Witte 2002, 85 f.; Niebler 2004).

Konkrete Transferschritte planen: Es wird eine Tabelle o. Ä. mit konkreten Arbeitsaufträgen und Kontrollinstanzen erstellt.

Anker: Im Laufe der Veranstaltung werden Gegenstände erstellt (z. B. Poster, Gedankenbilder, Symbole, Rituale o. Ä.), welche die Teilnehmer oder die Gruppe mit nach Hause nehmen können (Hildmann 2014). Zurück im Alltag bilden diese eine Erinnerungs- und Anknüpfungshilfe, um das Gelernte zu reaktivieren, sich an das Gelernte oder das Schlüsselerlebnis zu erinnern und es somit leichter im neuen Kontext anwenden zu können.

Vorbereitung auf Widerstände im Alltag: Es gibt sehr nützliche Gedankenmodelle, die mit Metaphern und Archetypen arbeiten und Veränderungsprozesse und die damit einhergehenden Hindernisse und Widerstände thematisieren. Beispiele sind die „Heldenreise" und die „vier Schilde". Auch Märchen und Fabeln lassen sich (je nach Thema und Kontext) gut verwenden. Mit ihrer Hilfe kann man gut auf zu erwartende Schwierigkeiten beim Transfer hinweisen, kann thematisieren, dass diese ein wichtiger Teil des Veränderungsprozesses sind, und erarbeiten, welche Hilfen genutzt oder entwickelt werden können, um diese Hindernisse zu überwinden. Etwas anspruchsvoll, aber sehr lohnenswert!

Im Alltag

Follow-up-Maßnahmen: Wissenschaftliche Untersuchungen deuten auf den positiven Einfluss von Follow-up-Maßnahmen für den (Transfer-) Erfolg erlebnispädagogischer Programme hin (Paffrath 2013, 205). In betrieblichen Aus- und Weiterbildungen sind sie auch längst etabliert, in der Erlebnispädagogik aber noch weitgehend vernachlässigt (Witte 2002, 89–93). Ziele und Merkmale davon sind:

- Es wird an Schlüsselerlebnisse aus der erlebnispädagogischen Veranstaltung erinnert (Ankerfunktion).
- Einen Blick zurück als Grundlage für den Blick nach vorne nutzen. D. h., in einer gemeinsamen Reflexion werden die bisherigen Transferbemühungen ausgewertet und daraus Schlussfolgerungen für die nahe Zukunft gezogen.
- Perspektiven und Kompetenzen, die in der erlebnispädagogischen Veranstaltung erworben wurden, werden geklärt, verstärkt oder modifiziert.
- Transferhindernisse werden aufgedeckt und Konzepte zur Überwindung derselben entwickelt.
- Es werden Kompetenzen vermittelt, die im betrieblichen Alltag Erfahrungslernen fortführen.

Empowerment: Die erlebnispädagogischen Trainer stehen der Gruppe nach Ende der Veranstaltung zwar nicht mehr zur Verfügung, ihr Gruppenleiter, Teamchef, Lehrer, etc. aber schon. D. h. diesen können gezielt

Informationen über Transfermöglichkeiten und praktische Anregungen zur Transferunterstützung an die Hand geben werden. Hier einige Beispiele:

- Beim nächsten Treffen der Gruppe eine Diashow mit Fotos aus der Veranstaltung machen;
- eine Übung machen, die an die erlebnispädagogische Veranstaltung anknüpft;
- über bereits aufgetretene Schwierigkeiten bei der Umsetzung sprechen;
- gegenseitige Unterstützung organisieren;
- bei Schulklassen ein Arbeitsblatt oder einen Text zum Thema ausgeben;
- das Klassenzimmer so neu gestalten, dass es an die erlebnispädagogische Veranstaltung erinnert;
- Erkenntnisse und Vorsätze visualisieren.

Literatur

AKW (Arbeitskreis Wagnis des Bundesverband Individual- und Erlebnispädagogik (BE)) (2016): Definition von „Wagnis“ als Begriff in seiner Bedeutung für die Erlebnispädagogik. Newsletter des BE vom 1. November

BE (Bundesverband Individual- und Erlebnispädagogik) (2017): Internetseite des Bundesverband Individual- und Erlebnispädagogik e.V. In: www.bundesverband-erlebnispaedagogik.de, 28.02.2017

Beames, S., Scrutton, R. (2015): Measuring the Unmeasurable: Upholding Rigor in Quantitative Studies of Personal and Social Development in Outdoor Adventure Education. Journal of Experiential Education 25(1), 239–246

Belbin, R.M. (2010): Team Rols at Work. 2. Aufl. Routledge, New York

Bestle-Körfer, R., Stollenwerk, A. (2010): Sinneswerkstatt Landart: Naturkunst für Kinder. Ökotopia, Münster

Brookes, A. (2003): A Critique of Neo-Hahnian Outdoor Education Theory. Part one: Challenges to the Concept of „Character Building“. Journal of Adventure Education and Outdoor Learning 3(1), 49–62

Brown, M. (2008): Comfort Zone: Model or Metaphor? Australian Journal of Outdoor Education 12(1), 3–12

Bunyan, P. (2011): Models and Milestones in Adventure Education. In: Berry, M., Hodgson, C. (Hrsg.): Adventure Education. An Introduction. Kap. 1, 5–23. Routledge, London

Cason, D., Gillis, H.L. (1994): A Meta-Analysis of Outdoor Adventure Programming with Adolescents. The Journal of Experiential Education 17(1), 40–47

CEP (Centrum für Erlebnispädagogik Volkersberg) (2017a): Erlebnispädagogisches Denken und Handeln II. Teilnehmerskript zum gleichnamigen Modul der Ausbildung zum/zur Erlebnispädagogen/Erlebnispädagogin. 10. Aufl. Eigenverlag, Bad Brückenau

CEP (Centrum für Erlebnispädagogik Volkersberg) (2017b): SimpleThings. Teilnehmerskript zum gleichnamigen Modul der Ausbildung zum/zur Erlebnispädagogen/Erlebnispädagogin. 9. Aufl. Eigenverlag, Bad Brückenau

Cornell, J. (2006): Mit Cornell die Natur erleben. Der Sammelband. Naturerfahrungsspiele für Kinder und Jugendliche. Verlag an der Ruhr, Mühlheim

Cornell, J. (1991a): Auf die Natur hören. Verlag an der Ruhr, Mühlheim

Cornell, J. (1991b): Mit Freude die Natur erleben. Naturerfahrungen für Alt und Jung. Verlag an der Ruhr, Mühlheim

Cornell, J. (1979): Mit Kindern die Natur erleben. Naturerfahrungsspiele für Kinder. Ahorn, Oberbrunn

Crowther, C. (2005): City Bound: Erlebnispädagogische Aktivitäten in der Stadt. Ernst Reinhardt, München/Basel

Csikszentmihalyi, M. (1975): Beyond Boredom and Anxiety. Jersey-Boss, San Francisco, CA

Csikszentmihalyi, M., Csikszentmihalyi, I.S. (1990): Adventure and the Flow Experience. In: Miles, J.C., Priest, S. (Hrsg.): Adventure Education. Venture, State College, PA, 149–155

Dadvand, P., Nieuwenhuijsen, M.J., Esnaola, M., Forns, J., Basagaña, X., Alvarez-Pedrerol, M., Rivas, I., López-Vicente, M., Pascual, M.D.C., Su, J., Jerrett, M., Xavier Querol, X., Sunyer, J. (2015): Green Spaces and Cognitive Development in Primary Schoolchildren. PNAS Early Edition. In: www.pnas.org/content/112/26/7937.full.pdf, 21.06.2017

Davis-Berman, J., Berman, D. (2002): Risk and Anxiety in Adventure Programming. The Journal of Experiential Education 25(2), 305–310

Dickson, T.J., Gray, T. (2006): Facilitating Experience: A Snap Shot of What Is Happening out There. Australian Journal of Outdoor Education 10(2), 41–52

Drebing, C.E., Willis, S.C., Genet, B. (1987): Anxiety and the Outward Bound Process. Journal of Experiential Education, 17–21

Eckmann, T., Drouven, C., Fitzke, D. (2003): Eindruck findet Ausdruck. Land-Art: Ein Erlebnis- und Handlungskonzept sozialpädagogischer Praxis. Projektverlag, Bochum

Erk, S., Kiefer, M., Grothe, J., Wunderlich, A.P., Spitzer, M., Walter, H. (2003): Emotional Context Modulates Subsequent Memory Effect. NeuroImage 18, 439–447

Ewert A.W., Garvey D.E. (2007): Philosophy and Theory of Adventure Education. In: Prouty, D., Panicucci, J., Collinson, R. (Hrsg.): Adventure Education: Theory and Applications. Human Kinetics, Champaign, IL, 19–32

Ewert, A.W., Sibthorp, J. (2014): Outdoor Adventure Education. Foundations, Theory and Research. Human Kinetics, Champaign, IL

Fengler, J., Jagenlauf, M.. Michl (Hrsg.) (2015): SimpleThings und ungeplante Nebenwirkungen. Erleben & lernen 23(3&4)

Fiennes, C., Oliver, E., Dickson, K., Escobar, D., Romans, A., Oliver, S. (2015): The Existing Evidence-Base about the Effectiveness of Outdoor Learning. Final Report – Executive Summary. Institute for Outdoor Learning (IOL) & Blagrave Trust

Fischer, T., Ziegenspeck, J.W. (2000): Handbuch Erlebnispädagogik. Von den Ursprüngen bis zur Gegenwart. Klinkhardt, Bad Heilbrunn

Foster, S., Little, M. (2010): Lost Borders – verlorene Grenzen. Handbuch zur Jugendvisionssuche. ÖKOSYS e.V. (Hrsg.), Eigenverlag, Ebersried

Foster, S., Little, M. (1998): Vision Quest. Sinnsuche und Selbstheilung in der Wildnis. J. Kamphausen, Bielefeld

Friebe, J. (2010): Reflexion im Training. Aspekte und Methoden der modernen Reflexionsarbeit. managerSeminare, Bonn

Gass, M.A. (1999): Transfer of Learning in Adventure Education. In: Miles, J.C., Priest, S. (Hrsg.): Adventure Education. Venture Publishing, State College, PA, 199–208

Gass, M.A. (1995): Metaphorisches Lernen in therapeutisch orientierten erlebnispädagogischen Programmen. Erleben & lernen (1&2), 7–10 und 58–61

Gill, T. (2010): Nothing Ventured: Balancing Risks and Benefits in the Outdoors. English Outdoor Council

Gilsdorf, R., Kistner, G. (2003): Kooperative Abenteuerspiele 1. Praxishilfe für Schule, Jugendarbeit und Erwachsenenbildung. 12. Aufl. Kallmeyer, Seelze-Velber

Gilsdorf, R., Kistner, G. (2001): Kooperative Abenteuerspiele 2. Kallmeyer, Seelze-Velber

Goldsworthy, A. (1995): Andy Goldsworthy. 4. Aufl. Zweitausendeins, Frankfurt/Main

Güthler, A., Lacher, K. (2007): Naturwerkstatt Landart – Ideen für kleine und große Naturkünstler. 4 Aufl. AT Verlag, Baden

Güthler, A., Lacher, K., Kreuzinger, S. (2001): Landart für Kinder. Fantastische Kunstwerke in und mit der Natur. Aktionstipps für LehrerInnen und UmweltpädagogInnen. Landesbund für Vogelschutz, Abteilung Naturschutzjugend (Hrsg.), Hiltpoltstein

Greenaway, R. (2017): Your Guide to Active Reviewing. In: www.reviewing.co.uk, 01.03.2017

Greenaway, R. (2013): How Active Reviewing and Reflection Support Learning and Change. In: Beard, C., Wilson, J. (Hrsg.): Experiential Learning: A Handbook for Education, Training and Coaching. 3. Aufl. Kogan Page, London. In: http://reviewing.co.uk/articles/How_Active_Reviewing_and_Reflection_Support_Learning_and_Change.htm, 01.03.2017

Greenaway, R. (2007): Dynamic Debriefing. In: M. Silberman (Hrsg.): The Handbook of Experiential Learning. Pfeiffer, San Francisco, CA, 59–80

Gregg, C. R. (2007): Risk and Safety in Adventure Programming. In: Prouty, D., Pannicucci, J., Collinson, R. (Hrsg.): Adventure Education – Theory and Applications. Kap. 4, Human Kinetics, Champaign, IL, 49–61

Großer, M. (2000): Outdoor für Indoors – Mit „harten" Methoden zu „weichen" Zielen. ZIEL, Augsburg

Hattie, J. (2009): Visible Learning. A Synthesis of over 800 Meta-Analyses Relating to Achievement. Routledge, Abingdon

Hattie, J., Marsh, H. W., Neill, J. T., Richards, G. E. (1997): Adventure Education and Outward Bound: Out-of-Class Experiences That Make a Lasting Difference. Review of Educational Research 67(1), 43–87

Heekerens, H.-P. (2006): Wirksamkeitsforschung zur Erlebnispädagogik: Ergebnisse, Fragen, Anregungen. Zeitschrift für Erlebnispädagogik 26(10), 3–57

Heckmair, B. (2008): 20 erlebnisorientierte Lernprojekte. Szenarien für Trainings, Seminare und Workshops. 3. Aufl. Beltz, Weinheim

Heckmair, B., Michl, W. (2013): Von der Hand zum Hirn und zurück. Bewegtes Lernen im Fokus der Hirnforschung. ZIEL, Augsburg

Heckmair, B., Michl, W. (2012): Erleben und Lernen. Einführung in die Erlebnispädagogik. 7. Aufl. Ernst Reinhardt, München/Basel

Hildmann, J. (in review). Transfer of Learning from Outdoor and Adventure Education Programmes – Increasing the „Take Home" Value. Eingereicht beim Journal of Adventure Education and Outdoor Learning

Hildmann, J. (2017): Schatzkiste der SimpleThings. Eine Sammlung erlebnisorientierter Aktivitäten mit Alltagsmaterial. ZIEL, Augsburg

Hildmann, J. (2015): SimpleThings. Grundgedanken und Hintergründe. Erleben & lernen 23(3&4), 83–89

Hildmann, J. (2014): Nicht für die Action, für den Alltag lernen wir! – Transfer verstehen und verstärken. In: Ferstl, A., Scholz, M., Thiesen, C. (Hrsg.): Zwischen Anpassung und Abenteuer. Erlebnispädagogik: Quo vadis? ZIEL, Augsburg, 82–89

Hildmann, J. (2010): Probleme sind verkleidete Möglichkeiten. Kompetenzförderung durch Erlebnispädagogik im Unterricht. Dissertationsschrift zur Erlangung des Doktorgrades an der Ludwigs-Maximilians-University München. In: https://edoc.ub.uni-muenchen.de/12312/1/Hildmann_Jule.pdf, 21.06.2017

Hildmann, J. (2008): SimpleThings – Erlebnispädagogik mit Alltagsgegenständen. Erleben und lernen (3&4), 45–47

Hildmann, J., Higgins, P. (2016): Emotional Intelligence, Personality and Leadership in Outdoor Adventure Education Facilitators: A three Dimensional Model. Proceedings of the 2016 Symposium on Experiential Education Research. 44th Annual International AEE Conference, October 27–30, Minneapolis, MN, 28–31

Hildmann, J., Moseley, A. (2012a): Metaphern und Rahmengeschichten – mit Bildersprache Brücken bauen (Metaphors and Narrative Frames – Building Bridges through Pictorical Language). In: Ferstl, A., Scholz, M., Thiesen, C. (Hrsg.): Einsam und gemeinsam – sich und Menschen begegnen. ZIEL, Augsburg, 216–225

Hildmann, J., Moseley, A. (2012b): SimpleThings – Erlebnispädagogik mit einfachen Mitteln. Workshop gehalten beim internationalen Kongress Erleben und Lernen, 28.09.2012, Augsburg

Hildmann, J., Nicol, R. (2014): A Neurocognitive View on what Makes Educators „Effective“ in Nurturing Social and Personal Skills. Educational Alternatives 12, 328–340

Hildmann, J., Seuffert, C. (2010): Kooperationsaufgaben selber entwickeln. In: Ferstl, A. Scholz, M., Thiesen, C. (Hrsg.): Unterwegs auf bewegenden Wegen. ZIEL, Augsburg 154–163

Hodgson, C., Bailie, M. (2011): Risk Management. In: Berry, M., Hodgson, C. (Hrsg.): Adventure Education. An Introduction. Kap. 3, Routledge, London, 46–62

Hufenus, H.-P. (2003): Handbuch für Outdoor Guides. Theorie und Praxis der Outdoorleitung. 2. Aufl. ZIEL, Augsburg

Jagenlauf, M., Michl, W. (Hrsg.) (1997): Land Art. Themenheft. Erleben und lernen (6), ZIEL, Augsburg

Jung, C. G. (1988): Der Mensch und seine Symbole. 11. Aufl. Walter-Verlag, Ostfildern

Kahtke, P. (2014): Sinn und Eigensinn des Materials. Projekte, Anregungen, Aktionen. Beltz, Weinheim

Knapp, C. E., Smith, T. E. (Hrsg.) (2005): Exploring the Power of Solo, Silence, and Solitude. Kap. 1, Association of Experiential Education, Boulder, CO, 3–18

König, S., König, A. (2002): Outdoor-Teamtrainings. Von der Gruppe zum Hochleistungsteam. ZIEL, Augsburg

Krouwel, W. (2005): The Value of Serendipitous Learning. Part 2 – A Way Forward Through Self-Development. Pathways. The Ontario Journal of Outdoor Education 17(3), 28–32

Lakemann, U. (Hrsg.) (2005): Wirkungsimpulse von Erlebnispädagogik und Outdoor-Training. ZIEL, Augsburg

Lau, P. Y. Y., McLean, G. N. (2014): Factors Influencing Perceived Learning Transfer of an Outdoor Management Development Programme in Malaysia. Human Resource Development International 16(2), 186–204

Leberman, S. I., Martin, A. J. (2004): Enhancing Transfer of Learning through Post-Course Reflection. Journal of Adventure Education & Outdoor Learning 4(2), 173–184

Leberman, S. I., Martin, A. J. (2002/2003): Does Pushing Comfort Zones Produce Peak Learning Experiences? Australian Journal of Outdoor Education 7(1), 10–19

Louv, R. (2016): Key Note Adress. 44th Annual International AEE Conference, Association of Experiential Education, 27.-30.10.2016, Minneapolis, MN

Luckner, J. L., Nadler, R. S. (1997): Processing the Experience. 2. Aufl. Kendall & Hunt, Dubuque, IO

Maples, M. F. (1988): Group Development: Extending Tuckman's Theory. The Journal for Specialists in Group Word 13(1), 17–23

Martin, P., Priest, S. (1986): Understanding the Adventure Experience. Journal of Adventure Education and Outdoor Leadership 3, 18–21

Maslow, A. (1962): Toward a psychology of being. Van Norstrand, Princeton, NJ

Michl, W. (2015): Erlebnispädagogik. 3. Aufl. Ernst Reinhardt, München/Basel

Mortlock, C. (1984): The Adventure Alternative. Cicerone Press, Cumbria

Muñoz, S.-A. (2009): Children in the Outdoors. A Literature Review. Sustainable Development research Centre, Horizon Scotland

Nadler, R. S., Luckner, J. L. (1992): Processing the Adventure Experience. Theory and Practice. Kendall & Hunt, Dubuque, IO

Niebler, E. (2004): Transfer handlungsorientierten Lernens: Von der Erlebnispädagogik zur Ergebnispädagogik. In: A. Ferstl, A., Schettgen, P., Scholz, M. (Hrsg.): Der Nutzen des Nachklangs. Neue Wege der Transfersicherung bei handlungs- und erfahrungsorientierten Lernprojekten. ZIEL, Augsburg, 146–151

Paffrath, H. (2013): Einführung in die Erlebnispädagogik. ZIEL, Augsburg

Piaget, J. (1968): Six Psychological Studies. Vintage Books, New York

Pouyet, M. (2013): Land Art in der Stadt. AT Verlag, Aarau

Pouyet, M. (2008): Ideenbuch Landart: 500 Inspirationen für Naturgestaltungen rund ums Jahr. AT Verlag, Arau

Pöllinger, M., Dickert, H. L. (1997): Spielträume. Das Spielebuch für Allrounder. 2. Aufl. Bundesstelle der katholischen Jungen Gemeinde e. V. Eigenverlag, Düsseldorf

Priest, S. (1990): The Adventure Experience Paradigm. In: Miles, J. C., Priest, S. (Hrsg.): Adventure Education. Venture, State College, PA, 157–162

Priest, S., Gass, M. (2005): Effective Leadership in Adventure Programing. Human Kinetics, Champaign, IL

Reiners, A. (2005): Praktische Erlebnispädagogik 2. Neue Sammlung handlungsorientierter Übungen für Seminar und Training – Band 2. ZIEL, Augsburg

Reiners, A. (2003): Praktische Erlebnispädagogik. Neue Sammlung motivierender Interaktionsspiele. ZIEL, Augsburg

Reiners, A. (1995): Erlebnis und Pädagogik. Sandmann, München

Riedelsheimer, T. (2001): Rivers and Tides – Andy Goldsworthy Working with Time. DVD

Rogers, K. (2017): Biophilia hypothesis. Encyclopaedia Britannica. In: www.britannica.com/science/biophilia-hypothesis, 29.05.2017

Rohnke, K. (1994): The Bottomless Bag Again?! 2. Aufl. Kendall & Hunt, Dubuque, IO

Roth, G. (2001): Fühlen, Denken, Handeln. Wie unser Gehirn unser Verhalten steuert. Suhrkamp, Frankfurt/Main

Schleich, H. (2003): Lernen unter der Dopamindusche. Was uns Versuche an Mäusen über die Mechanismen des menschlichen Gehirns verraten. Die Zeit 39, 38

Schlippe, A. v., Schweitzer, J. (2016): Lehrbuch der systemischen Therapie und Beratung I und II: Limitierte Sonderausgabe. Vandenhoeck & Rubrecht, Göttingen

Schoel, J., Prouty, D., Radcliffe, P. (1988): Islands of Healing. Project Adventure, Beverly, MA

Seuffert, C. (2012): Solo unter Menschen. Workshop auf der internationalen Tagung Erleben und Lernen, 29.09.2012, Augsburg

Sibthorp, J., Furman, N., Paisley, K., Gookin, J., Schumann, S. (2011): Mechanisms of Learning Transfer in Adventure Education: Qualitative Results From the NOLS Transfer Survey. In: Journal of Experiential Education 34(2), 109–126

Simpson, S., Miller, D., Bocher, B. (2006): The Processing Pinnacle. An Educator's Guide to Better Processing. WNB, Bethany, OK

Smith, T. E. (2005): Going Outside to Go Inside: Frameworks for the Solo Experience. In: Knapp, C. E., Smith, T. E. (Hrsg.): Exploring the Power of Solo, Silence, and Solitude. Kap. 1. Association of Experiential Education, Boulder, CO, 3–18

Sonntag, C. (2005): Abenteuer Spiel. Handbuch zur Anleitung kooperativer Abenteuerspiele. 2. Aufl. ZIEL, Augsburg

Sosic-Vasic, Z., Streb, J. et al. (2013): Faktoren gelingenden Lernens. In: Sächsisches Bildungsinstitut & ZNL Transferzentrum für Neurowissenschaften und Lernen (Hrsg.): Fokus Kind – Impulse für gelingendes Lernen. Friedrich, Seelze

Spitzer, M. (2006): Lernen – Gehirnforschung und die Schule des Lebens. Spektrum, Heidelberg

Tuckman, B. W. (1965): Developmental Sequence in Small Groups. Psychological Bulletin 63(6), 384–399

Tuckman, B. W., Jensen, M. A. C. (2010): Stages of Small-Group Development Revisited. Group Facilitation 10, 43–48

Vygotsky, L. (1978): Mind in Society. Harvard University Press, London

Watzlawick, P., Beavin, J. H., Jackson, D. D. (2017): Menschliche Kommunikation. Formen, Störungen, Paradoxien. 13. Aufl. Hogrefe, Bern

Wilson, E. O. (1984): Biophilia. Harvard University Press, Cambridge

Witte, M. D. (2002): Erlebnispädagogik: Transfer und Wirksamkeit. Möglichkeiten und Grenzen des erlebnis- und handlungsorientieren Erfahrungslernens. Grundlagen der modernen Erlebnispädagogik, Bd. 5. Edition Erlebnispädagogik, Lüneburg

Yerkes, R. M., Dodson, J. D. (1980): The Relation of Strength of Stimulus to Rapidity of Habit-Formation. Journal of Comparative Neurological Psychology 18, 459–482

Sachregister

Leseprobe

Leseprobe aus

Marcus Weber: Erlebnispädagogik in der Grundschule

Arme kleine Wolke
Wo: Klassenzimmer
Dauer: 45 Minuten
Jahrgang: ab Klasse 2
Material: ein Strohhalm pro Schüler, ein Wattebausch
Anleitung: Die Schüler stellen sich in einer Reihe nebeneinander auf und erhalten jeweils einen Strohhalm. Die Aufgabe für die Schüler besteht darin, den Wattebausch durch Ansaugen mit dem Strohhalm von Schüler zu Schüler weiterzugeben, bis dieser am anderen Ende der Reihe angekommen ist. Während der Aktion darf der Wattebausch nicht herunterfallen, da ansonsten die Aufgabe von Neuem beginnt.
Hinweis: Als schwierigere Variante kann diese Aktion auch in der Form gespielt werden, dass jeder Schüler an seinem Platz sitzen bleibt. Einem Schüler wird dann der Wattebausch auf den Tisch gelegt. Nun saugt der Schüler den Wattebausch mit dem Strohhalm an und übergibt ihn seinem Tischnachbarn, der dann wiederum an den nächsten Tischnachbarn übergibt. Je nachdem, wie die Tischanordnung in der Klasse gestaltet wurde, müssen die Schüler vor der Übergabe an einen Mitschüler von ihrem Platz aufstehen und zu einer anderen Tischreihe oder an eine andere Tischgruppe gehen. Die Reihenfolge sollten die Schüler dann in der Planungsphase festlegen.

EV reinhardt
www.reinhardt-verlag.de

Geschichte: „Schaut mal was ich euch mitgebracht habe. Heute Morgen, als ich durch das Schultor kam, da lag neben dem Klettergerüst diese kleine Wolke. Es muss noch eine sehr junge Wolke sein, denn ich habe gehört, dass jungen Wolken manchmal auf ihren langen Reisen am Himmel die Puste ausgeht und sie vor Erschöpfung einfach herunterfallen. Dann sind sie auf uns Menschen angewiesen, dass wir sie ein Stück auf ihrer Reise begleiten und sie wieder zu Kräften kommen können. Also lasst uns keine Zeit verlieren und dieser kleinen Wolke mit vereinten Kräften helfen."

Auf Biegen und Brechen
Wo: Turnhalle
Dauer: 45 Minuten
Jahrgang: ab Klasse 2
Material: viele Blätter Papier
Anleitung: Vor Beginn der Aktion verteilt die Spielleitung pro Schüler ein Blatt Papier in einer Hälfte der Turnhalle. Anschließend können die Schüler die Turnhalle betreten und sich jeweils auf ein Blatt Papier stellen. Steht jeder Schüler auf einem Blatt Papier, beginnt die Spielleitung damit, nach und nach weitere Blätter in dem Spielbereich zu verteilen. Die Aufgabe für die Schüler besteht darin, dass jedes weitere Blatt Papier mit einem Körperteil eines Schülers berührt wird. Dabei darf zu keinem Zeitpunkt der Turnhallenboden berührt werden oder der Kontakt zu einem bereits berührten Blatt Papier verloren gehen. Geschieht einer dieser Fehler, so beginnt die Aufgabe von vorne.
Hinweis: Bei dieser Aufgabe müssen die Schüler sich im Vorfeld gut besprechen und ihr Handeln abstim-

men. Daher sollte ausreichend Zeit für die Planungsphase eingeräumt werden. Während der Durchführung wird von den Schülern viel Geschicklichkeit und Beweglichkeit verlangt, was zu Unruhe, Hektik und Fehlern führen kann. Gegebenenfalls muss dann eine Zwischenreflexion oder eine erneute Planungsphase eingeschoben werden.

Geschichte: „Gestern habe ich mit eurer Parallelklasse eine Aktion durchgeführt, bei der sie richtig gut als Team zusammengearbeitet hat. Nach der Aktion hat sich die Klasse dann quasi selbst gefeiert und sich aufgeführt, als seien sie die einzige Klasse, die diese Aufgabe lösen könnte. Ich habe ihnen dann erzählt, dass eine andere Klasse die Aktion auch schon gemeistert habe. Natürlich wollten die Schüler wissen, welche Klasse das denn sei, und ich habe gesagt, dass ihr es gewesen seid. Deshalb werden wir heute auch unbedingt diese Aktion durchführen und ihr müsst diese auf Biegen und Brechen, also unbedingt auch meistern. Also los geht's, zeigt eurer Parallelklasse was ihr drauf habt!" (...)